經濟新潮

愛上經濟

The Invisible Heart: An Economic Romance

一個談經濟學的愛情故事

羅素・羅伯茲(Russell Roberts)◎著　李靈芝◎譯

經濟趨勢 4

愛上經濟：一個談經濟學的愛情故事

作　　者　羅素・羅伯茲（Russell Roberts）
譯　　者　李靈芝
企畫選書人　林博華
責 任 編 輯　林博華
行 銷 業 務　劉順眾、顏宏紋、李君宜

發 行 人　凃玉雲
出　　版　經濟新潮社
104台北市中山區民生東路二段141號5樓
電話：(02)2500-7696　傳真：(02)2500-1955
經濟新潮社部落格：http://ecocite.pixnet.net
發　　行　英屬蓋曼群島商家庭傳媒股份有限公司城邦分公司
104台北市中山區民生東路二段141號2樓
客服服務專線：02-25007718；25007719
24小時傳真專線：02-25001990；25001991
服務時間：週一至週五上午09:30-12:00；下午13:30-17:00
劃撥帳號：19863813；戶名：書虫股份有限公司
讀者服務信箱：service@readingclub.com.tw
香港發行所　城邦（香港）出版集團有限公司
香港灣仔駱克道193號東超商業中心1樓
電話：852-25086231　傳真：852-25789337
E-mail: hkcite@biznetvigator.com
馬新發行所　城邦（馬新）出版集團Cite(M) Sdn. Bhd. (458372 U)
11, Jalan 30D/146, Desa Tasik, Sungai Besi,
57000 Kuala Lumpur, Malaysia
電話：603-90563833　傳真：603-90562833
印　　刷　宏玖國際有限公司
初 版 一 刷　2002年5月1日
二 版 一 刷　2011年1月24日

城邦讀書花園
www.cite.com.tw

ISBN：978-986-120-586-1

售價：280元

Printed in Taiwan

〔編者序〕

如何停止憂慮愛上經濟

林博華

《愛上經濟》這本書初版至今，已經八年多了，由於獲得許多讀者和網友的喜愛，站在編輯的立場，是既歡喜又感激。

這是一本以愛情故事為包裝，來探討經濟學的書。作者羅素・羅伯茲（Russell Roberts）創造了一個簡單有力的架構：男主角山姆是個經濟學老師，崇尚自由經濟；女主角羅拉是英國文學的教師，她認為企業應該負起道德責任，政府更有責任保護勞工、消費者的權益；由於兩人觀點的不同，爭辯當中不時擦出智慧的火花。書中提到了好幾個令人回味無窮的主題：

一開頭，兩人爭論著開車是否應該強制繫安全帶或安裝安全氣囊，還有山姆提到，他父親對於政府強制規定房屋的陽台要加裝欄杆，憤而抗議，因為加裝欄杆雖然可以防止小孩子不慎墜落受傷，但這其實剝奪了父母教育小孩自己注意危險的機會，剝奪了讓小孩自己對自己負責的機會；他認為四呎高的陽台，對於教育小孩審慎面對危險，可說是恰到好處。然而政府的強制規定，則是把所有的成人都當作小孩子。這樣的觀點或許不是每個人都同意，但提供了一個很好的思考起點。正如書中所說：「你愈限制人們的選擇，就愈剝奪了他們的責任感，儘管你只是想幫他們而已。」

書中另一個大主題是關於自由貿易，也就是企業外移到其他國家設廠的問題。羅拉質疑這樣的企業不負責任，不應該關閉工廠。然而，如同書中所說的，如果我們不光只看因關廠而失業的勞工，也想想他們子女的可能發展，或許我們可以不必那麼悲觀——許多新的企業、新的商業模式將可能出現；硬是把這些企業留在國內，很可能就把他們逼死了；如果是一味保護企業，這些企業的競爭力將會越來越弱。看看ＥＣＦＡ的簽訂，雖然其中不免有政治考量，但是就經濟貿易的原理來說，自由開放是「硬道理」，因為彼此關稅的降低會讓雙方都受惠，但是不諱言某些產業會受到更激烈的競爭，或許他們會變得更強，也或許他們會退出市場，但是這樣一來就會釋放出勞動力，新的產業也可能誕生，他們的下一代可能有新的生活樣態。羅素・羅伯茲的另一本書《貿易的故事》（*The Choice*，經濟新潮社出版），就深度探討了產業發展、貿易、關稅、就業機會等問題，對於想了解國際貿易的讀者，是最佳的入門書。

還有，書中提到把經濟體系比喻為熱帶雨林，也就是一個「複雜系統」（complex system），並舉了黃石公園的例子：由於公園裏的狼群時常危害人類和其他動物，當局曾設法減少狼群的數量；三十年後，狼群絕跡了，然而麋鹿卻不斷增加，其結果雖然遊客非常高興，但是麋鹿的食物漸漸不足，牠們開始吃楊柳和白楊，而使得依賴這兩樣植物維生的海狸瀕臨絕種。當局後來又開始引進狼群，試圖恢復均衡。這個例子充分說明，一個有機的系統當受到外力影響時，其結果很少是單一的；經濟體系也是一樣，一個干預政策下去，少數人受惠了，可能另一個族群會受害，而且可能要一段時間之後才會顯現出來。羅素．羅伯茲的最新作品《價格的祕密》（*The Price of Everything*，經濟新潮社出版），便探討了經濟大師海耶克「浮現的秩序」（emergent order）這一偉大觀念，例如經濟體系（或市場）如何透過「價格」的引導，讓市場中的每個人可以獲得資訊並做出決策：每個人追求自利的動機，就足以使經濟成長；政府插手干預經濟，往往會扭曲了價格訊息，並造成不公平。

天下沒有白吃的午餐，人間充滿不公平。然而，超越個人觀點，設法從體系、制度來看社會及世界，則是經濟學家的獨特之眼。一件事對個人或許覺得不公平，但是從制度面來看或許不然；要談公不公平，要看制度本身是否公平。自由經濟標榜不干預，希望人們能獲得最大的自由，相對來說，這樣的自由也需要有尊重別人的胸襟做為基礎，這是本書的弦外之音，希望讀者能從中體會生命的美好。

（本文作者為經濟新潮社總編輯）

獻給莎朗（Sharon）

目錄

1 開課日 013
2 美女與野獸 027
3 危險與快樂 031
4 密謀對策 047
5 薪資過低，工作過量 055
6 熄燈 067
7 剝削消費者 077
8 金手指 101
9 優里西斯 107
10 骯髒的勾當 117
11 孤立無援 127
12 籠中野獸 141
13 遊戲規則 149

Contents

14 數字的祕密 163
15 樂善好施 169
16 解密 195
17 隨波逐流 205
18 最後一課 233
19 修正這世界 247
20 畢業晚會 265
21 賞個零錢吧 271
致謝 275
資料來源與延伸閱讀 279

單一的個人……實際上既沒有增進公共利益的打算，也不知道他的行為增進了多少公共利益……他只著眼於個人利益，在這一過程和其他許多過程中，都是由一隻看不見的手引導著並最終增進了社會的利益，雖然這並非出自其個人的意願。

——亞當・史密斯（Adam Smith），
《國富論》（*An Inquiry into the Nature and Causes of The Wealth of Nations*）

一個經濟學家好或是壞，差別只有一個：壞的經濟學家只關心看得到的效應；而好的經濟學家會考慮看得到的效應，以及那些必須被預見的效應。

——費得萊・巴斯夏（Frederic Bastiat），
〈看得見的與看不見的〉（What is Seen and What Is Not Seen）
《政治經濟學選集》（*Selected Essays in Political Economy*）

你必須有一顆誠摯的心。

——理察・艾德勒（Richard Adler）和傑利・羅斯（Jerry Ross），
《洋基佬》（*Damn Yankees*，編按：美國著名音樂劇）

1 開課日

山姆・高登一踏進教室，班上同學立刻停止聊天，目光同時投向這位新老師。他高瘦得像根竹竿，走路的步伐又快，四肢看起來搖晃得厲害。他的一頭黑色鬈髮，使他的臉色看起來更蒼白。為了今天是開課的第一天，除了卡其褲和夾克之外，他還特別打了一條領帶。

山姆抬頭沉思了一會，才開口說話。過了這個學期之後，學生自然會明白，他習慣這麼做來整理思緒，而不再狐疑說：「怎麼老師老愛仰著頭發呆，莫非經濟學的答案都在愛德華高中的天花板上嗎？」

山姆把名字寫在黑板上，然後吸一口氣，紓緩一下緊張的情緒，再把金邊眼鏡扶正，才轉過身來面對同學。

「我叫做山姆，教的是人生必學一〇一招。」他說。

有位同學在偷笑。

「事實上，這是高年級的選修課『經濟學的世界』，修這課我沒設甚麼門檻，只要你們有超級廣闊的心胸就行了。言歸正傳，」山姆的語氣突然變得輕鬆愉悅：「測驗時間！請大家拿張紙出來，把自己的名字寫上。」

幾位學生發出一陣怪聲，表示抗議。

「我知道，」山姆說：「上課第一天，又是高年級學生，怎麼就要考試了呢？別擔心，題目很簡單。」

他在黑板上寫下兩個數字：531,000,000,000以及16,500,000,000。

「第一個數字，五千三百一十億，是目前全球原油總量，也就是說，還有這麼多的原油埋在地底下，我們稱它為儲備能源。原油是以桶為計算單位。第二個數字，一百六十五億桶，則是全球原油年消耗量。現在問題來了，我們甚麼時候會把原油用光？給你們一分鐘作答。」

有位學生脫口而出：「一分鐘呀？」

另外一位學生問道：「可以用計算機嗎？」

「是的……可以。」山姆說。

還有一位學生問：「請問我們要用年、日、小時或分鐘來作答？」

「你們自己決定。」

當學生們埋頭按著計算機時，山姆神色泰然地環視這個教室。愛德華高中不愧是一流學府，校園經過刻意規畫，綠色的草地上，栽種著茂密的橡樹。教室也設計得舒適明亮，看得出來門框和桌椅都是精心挑選過，排列得井然有序。山姆在這新學期的第一天，心中對學生和課程充滿期盼，也難免惶恐焦慮。

班上共有十八位學生，大家不是在喃喃自語，就是在埋頭計算，唯獨第三排窩著一位高大的金髮女孩，她百無聊賴地望著窗外，似乎對測驗毫無興趣，連試試看的意願都沒有。「還有十秒！」山姆說。學生又發出怪聲。

「時間到！請把自己最滿意的答案圈起來。」山姆親自走到每位學生的座位去收考卷，走回講台時還一面瀏覽他們的答案。

「妳叫甚麼名字？」山姆站在第三排金髮女孩的前面問道。

「艾美。」

「艾美，妳的答案是……？」

「我沒有作答，因為我覺得這問題有點怪。」

「啊？怎麼說呢？」

「因為我們上的是經濟學，應該不是隨便用計算機算一算而已。」

「所以這怪在哪裏呢？」

「我不知道。我對經濟學還不那麼了解，所以還想不出來，不過我還在想。」

「思考是這門課主要的目的，」山姆走回講台，面對學生說：「要心存懷疑，要常思考。記住人類行為幾個基本原則，學習怎麼去運用這些原則，這麼做就能拿到高分了。我的問題正確的答案是：我們永遠不會把原油用光。」

山姆沉默了一陣子，好讓學生們能思考一下答案。最後一排某位學生悄悄對他旁邊的同學說：「這甚麼爛答案呀？瘋子！」

很多人說山姆是個瘋子，了解他的人寥寥可數。正所謂物以類聚，能和山姆歸為一類的人，可說是少之又少。在不久的將來，當他的麻煩爆發時，沒有人能洞悉真相，所有充斥學校長廊的耳語，都只不過是人們的臆測。

像愛德華高中那麼一板一眼的學校，居然會聘用山姆，真叫人跌破眼鏡。愛德華高中也許是華府最頂尖的貴族式私立中學，它座落在市中心西北邊幽靜的住宅區，距離華盛頓國家大教堂和動物園，都只隔幾條街而已。在二十世紀初，也就是學校創立的早期，老師常常利用附近這座建築物和休閒設施，來提醒學生，人的世界是處於天使與動物之間，因此人類也經常在追求聖潔生活和滿足私慾中糾纏掙扎；愛德華高中的使命正是導人向善。現在，它純粹只想把一群年輕男女往北推，那兒有好幾所長春藤大學。

愛德華高中聘用山姆，完全是因為他擁有經濟學碩士學位，以及四年的教學經驗。去年夏天他才剛滿三十歲。他第一年到愛德華高中時，教了幾堂進階經濟學課程，以及一門和政府與政治相關的課。今年，他第一次加開選修課「經濟學的世界」，因此可以自行決定教學的題材。

「思考、思考、思考！」山姆告訴學生：「世界上的原油量是有限的，但我們每天卻在大量消耗這些天然資源。總有一天我們會把它用光，不是嗎？」

山姆停頓了一下，環視每位學生的臉。有人能回答嗎？

「這看起來……好像會用光。」艾美說。

「艾美，妳喜歡吃開心果嗎？」山姆問道。

「這誰都愛吃吧？」

「假設妳生日那一天，我送妳一整個房間的開心果，這房間可是非常大的，就好像我們教室那麼大。房間裏滿滿都是開心果，堆起來有五呎高。換句話說，也就是有好幾百萬顆的開心果。艾美，生日快樂，歡迎來到開心世界。這裏所有的開心果都是妳的，妳隨時可以來，愛吃多少，就拿多少，完全不用妳花一毛錢。妳也可以把朋友帶來，開一個開心派對鬧一鬧也不錯……這點子想起來都令人興奮……」

「興奮？」

「好吧好吧，覺得有點高興，可以了吧？拜託配合一下好不好？」山姆微笑著說：「妳覺得有點高興，是因為你喜歡吃開心果。在開心世界吃開心果不花分文，在別的地方吃的話，可是很貴的。不過，妳得要遵守唯一的一項規定，妳一定要在房間裏吃，吃完之後，必須把殼留下來。這麼做在一開始的時候，不會有甚麼問題，也許在頭幾天、幾個禮拜甚至幾個月，妳的『貨源』都會很充足。可是，過了幾年之後，妳就得花愈來愈多時間來找開心果，因為妳會把殼堆得愈來愈多。妳把朋友帶來了，也是照樣得花好幾個小時才能在沒用的殼裏找到幾顆開心果。妳的朋友開始抱怨了：『喂，我們放棄吧！』妳就問：『為甚麼？』妳猜他們會怎麼說？」

「因為開心果不再是免費的了。」艾美回答。

「答對了！」山姆開心得大聲說：「過了不久之後，妳會情願到店裏花錢買開心果，也不想浪費時間在一堆空殼裏一直找一直找。開心世界裏的開心果成本變得過高了，同樣道理，原油也是一樣。我們會在用完最後一滴原油的好幾年以前，就不再利用它作為能源，因為不論是開鑿新油田，或者是開採既有的油田，都變得既困難又昂貴。所以說，在面臨嚴重的能源短缺以前，我們就已經轉用其他更便宜的替代品了。可要記得那些開心果喔！」

坐在最後一排的那個小子又靠到他朋友身邊：「我就說他是個瘋子，說甚麼開心世界說了那麼久！」

☆

在走廊盡頭另外一個教室裏，羅拉．席佛正催促自己一定要保持鎮定。當山姆因為開學第一天而感到有點緊張時，羅拉的心情則是忐忑不安，因為這是她第一份正式的工作。她把名字寫在黑板上，這是英國文學課。

「我是羅拉，教你們英國文學。我們要唸的第一本小說是狄更斯的《孤星血淚》（*Great Expectations*，編按：另譯《前程遠大》、《大希望》，並被改編為電影《烈愛風雲》）。」

瞄一下手上的筆記，羅拉一抬頭，發現同學們的臉上都毫無表情，正等著她繼續。她穿著一條碎花長裙，搭配著菱形花紋的上衣。她把金棕色的長髮用黑色髮圈束在身後，沒有化粧。她在黑板上寫著：「忙碌張羅，茫然消費，歲月任憑荒蕪」。

「有沒有人知道這是誰說的話？」

「莎士比亞？」有人在碰運氣。

「猜他的命中率還蠻高的，你們也可以猜亞歷山大·包普（Alexander Pope），或者是聖經引言。其實，這句話是華滋華斯（William Wordsworth）說的。我們把桌椅搬一下，圍個圓圈，大家來討論一下吧。」

學生們動一動之後，看起來就有精神多了。接著，羅拉也拉了把椅子加進圓圈裏，她先要求班上十五位學生作一下自我介紹，再說出自己最喜歡的一本書。

「好吧，」羅拉等他們都作了自我介紹之後說：「請大家拿一張紙，把華滋華斯的意思寫下來。到底他要說甚麼呢？請大家放心，這個題目沒甚麼對錯，也沒有標準答案。請大家盡量想想看，我們再一起討論。」

羅拉能夠在愛德華高中教書，其實是很幸運的。她今年才二十四歲，從耶魯大學英文系畢業後，就去了以色列。她先在集體農場摘採水果，接著到一家箱子工廠工作。到了夏天，她又去了一趟義大利佛羅倫斯，加強義語能力。通常愛德華高中不會聘用毫無教學經驗的人，但她的眾多教授一致大力推薦，而她也曾為該校的高三學生開了一門有關狄更斯的客席選修課，因此爭取到一席教職。

羅拉計畫先在愛德華高中教兩年書，然後再去上法學院。唸法律似乎和成長一樣，是一件自然而然的事，因為她的父母都是律師，而她自己也很喜歡爭辯。她盼望透過這份專業，來扛起一己責任，「救一救」這個世界。

「準備好了沒？」幾分鐘之後，羅拉說：「大詩人說：『忙碌張羅，茫然消費，歲月任憑荒蕪』，你們認為他所說的『張羅』和『消費』是甚麼意思？人們在『張羅』些甚麼呢？」

開學的第一堂課就好像男女相親一樣，老師和學生彼此素未謀面，而且大家都是這所學校的新鮮人。羅拉的問題在空氣中迴盪了一陣子，還好坐在她正前面的女生舉手，讓她鬆了一口氣。

「愛蜜莉？」

「指的是金錢嗎？」

「怎麼說呢？」

「張羅和消費都和生計有關，除了賺錢和花錢之外，好像就沒別的了。」

「妳把妳的答案唸出來，好嗎？」

「人的一生都浪費在賺錢和花錢這兩件事情上。」

「非常好。妳說得很有道理，可是這又會帶出另外一個問題。為甚麼華滋華斯會說『張羅』，而不是『賺取』或『賺得』呢？」羅拉看著這群學生，眼中充滿期盼。有人舉手了。

「史帝芬？」

「我想華滋華斯用『張羅』這個詞，是因為它不像『賺取』聽起來那麼正當。賺錢好像是件好事，『張羅』某些東西好像就得用上一些心機了。」

「這個想法挺有意思的，可不可以再深入解釋一下？」

「唔……好像說，爸爸每天上班，為的是要努力賺錢養家，這件事很合理，幾乎每個人都在做，可是張羅就有點不一樣了。它並不是負面的字眼，但它指的是人們得要想點辦法，用些手段，才能把錢或甚麼的拿到手……我不知道……人們其實可以用很多方法把錢搞到手，例如用偷的、用騙的……。」

「大家同不同意史帝芬的看法呢？金茜麗？」

「我想華滋華斯想要說，偷也好，正當賺錢也好，凡和錢有關的事都是骯髒的。」

「很好，」羅拉微笑著說：「妳對這兩句詩又寫了些甚麼呢？」

☆

山姆在教室裏來回踱著方步，臉上帶著俏皮的神色。他從口袋裏拿出一張一美元鈔票，放在桌子上。

「我們來玩個遊戲吧，」他的口氣像個大孩子：「誰第一個拿到這張鈔票，就可以直接把它帶回家。」

學生們面面相覷，被這奇怪的遊戲弄糊塗了。突然間，第二排一位男生跑到老師的桌子前面，抓了鈔票就走。

「做得好呀！」山姆高興得大叫，走到那學生的面前，和他使勁握手，那學生笑得有點靦腆。接著，山姆走回自己的桌子，從口袋裏又掏出一張鈔票來，這次是五美元。他向學生展示著鈔票，然後鬆手讓它掉落在桌子上。

「同樣的遊戲。」他平靜地說。

教室頓時騷動起來，先響起了一陣椅子刮地板的聲音，然後有幾個學生，像箭一般衝到桌子前面搶錢，沒多久，有位同學興奮地叫：「我搶到了！」山姆再次和這位獲勝的同學握手。

「很刺激呀，是不是？」山姆對著全班同學說：「桌子上的錢就是最有效的原動力。」搶不到錢的學生走回自己的位子，有幾位還在桌邊逗留，看看會不會還有下一回合。

當學生都就坐後，山姆跳上自己的桌子。他又從口袋中掏出一張二十元鈔票，慎重地用大拇指和食指抓住鈔票的一角，在高處揮舞著。幾乎所有學生都衝到他的面前，又叫又笑地推擠著，抬頭盯著獵物，同時也伸出了雙臂。

「開玩笑，」山姆一邊說，一邊把鈔票放回口袋裏：「很榮幸能教你們經濟學，可是一堂課要花上二十美元，成本高了一點。你信不信有人會說經濟學很無聊呢？」山姆疑惑地低頭看著班上同學，並且問道：「告訴我，這個遊戲有甚麼意義？」

☆

「物質主義使人腐敗。」金茜麗回答羅拉有關華滋華斯的問題。

「答案非常明確有力。」羅拉稱讚著說。

「還好吧，」金茜麗答道：「可是我的答案沒有把『忙碌張羅，茫然消費，歲月任憑荒蕪』

的精髓說出來，他故意不用『錢』這個字。」

「啊？為甚麼呢？」

金茜麗皺起鼻子背誦這首詩：「忙碌『賺錢』，茫然消費，聽起來就有點怪怪的。提『錢』這個字，破壞了詩的意境，也少了為錢奔波勞碌的動感。我這麼解釋還可以嗎？」

羅拉微笑著，好想跑過去抱一下她，但終於克制住了這股衝動。她再次環視每位同學說：「好吧，接下來我們來看『歲月任憑荒蕪』這句話，除了『物質主義使人腐敗』之外，華滋華斯還說了甚麼？還有，『歲月任憑荒蕪』這句話是甚麼意思？聽起來蠻淒涼的，不是嗎？」

☆

「對了，」山姆說：「五千三百一十億桶的儲備原油，以及一百六十五億桶的原油年消耗量，都是一九七〇年的實際數字。如果預估是準確的話，我們早在三十年內把原油用光了。可是當二〇〇〇年快到的時候，儲備能源卻增加到一兆桶，即使年消耗量已增加到兩百六十億桶，我們還是有四十年的原油可用。」

「怎麼會這樣呢？」有位學生問道。

「因為個人利益（self-interest）。當原油價格在七〇年代末期開始攀升時，消費者開始想辦法節約用油，而產油國也找到了新油田。比起那個時候，我們現在還更不用擔心缺乏能源。千萬不要低估個人利益的力量。大家看看這條領帶……」山姆指著領帶上的人頭：「他是亞當．

史密斯（Adam Smith），可說是世界上最有名的經濟學家。和每個人一樣，他也非常了解個人利益的力量……。」鈴聲響起，下課了。

☆

羅拉鬆了一口氣，她媽媽說得沒錯：一堂課四十五分鐘不算長。快下課了，羅拉交代同學第一份和《孤星血淚》有關的功課。

「羅拉老師？」有位同學發問。

「是的？」

「我們要唸狄更斯的《孤星血淚》，為甚麼一開始卻要討論華滋華斯的兩句詩呢？」

「這問題非常好，」羅拉很高興有人注意到，「回家看《孤星血淚》就知道了。」

☆

這一天下午，山姆上課時玩「搶錢遊戲」的消息，就傳遍了全校。羅拉心想，像山姆這種人，會對華滋華斯有何高見？這些經濟學家到底有沒有聽說過華滋華斯，可能都是個疑問呢。她下班時，走過山姆的教室，還特意進去看一看。

他已經離開了。羅拉很喜歡空無一人的教室，這種空曠的寧靜感覺讓她想起，自己唸大學的時候，寧可獨自在教室裏唸書，也不願意和別人擠圖書館。不過，山姆為了布置這個教室，掛了好幾幅經濟學家的黑白照。這些已經作古的人，似乎破壞了教室該有的歡樂氣氛。這些照片看起來蠻嚇人的，莫非就是「忙碌張羅，茫然消費，歲月任憑荒蕪」的最佳寫照？

當她打算轉身離開時，牆角甚麼東西吸引了她，原來是電影《風雲人物》（*It's a Wonderful Life*）的彩色海報。海報上男主角詹姆斯・史都華（James Stewart）把女主角唐娜・李（Donna Reed）緊緊抱在懷裏。這樣的浪漫「畫面」和這些辭世的人擺在一起，顯得有點突兀，好像是一對男女在葬禮上調情一樣。

羅拉望著山姆的桌子，他曾經在這裏用鈔票誘惑學生。一個會利用金錢來滿足貪婪心理的人，怎麼會同時喜歡一部標榜「真心只求付出，不求回報」的電影呢？

2 美女與野獸

在維吉尼亞州，一輛ＢＭＷ正在郊區的公路上疾馳。駕駛的男子正陶醉在全盤駕馭的快感中，看起來也比實際年齡五十歲年輕許多。馬路兩旁種滿成蔭的松樹，陽光從樹枝之間灑下來，車蓋上映照出數道斑駁銀光，時而變換著位置。

車子裏法蘭克・辛納屈（Frank Sinatra，編按：一九五〇年代美國當紅的歌星與影星，外號「瘦皮猴」，有許多經典歌曲傳世）正高唱著〈奪標〉（My Way），音量之大，讓人不禁懷疑這個男人到底還能不能思考。到了結尾副歌部分，他還把音量再調大，好欣賞歌者低沉沙啞的嗓音。歌聲流露出看破世事的情懷，也帶著勝利者的風範。

☆

華盛頓首府北邊三十哩的地方，一名女子正在健身房努力踩著階梯機。她的耳機裏是「印第安女孩」（Indigo Girls）悠揚的歌聲，伴隨著心跳，她把思緒集中在手和腳的機械式動作中。為了不讓頭髮垂在臉上，她把紅髮緊緊繫成一條辮子。肩上搭著一條毛巾，她一邊擦去臉上和脖子的汗，腳步並沒有停下來，更加速踩著階梯，好把握這節運動的尾聲。不久後，她已淋浴更衣，大步跨出健身房的大門，朝著杜邦商圈地鐵站走去。這個時候，路上早已塞滿了趕著上班的人。

☆

在維吉尼亞的郊區，男人將車子開進停車場，把它停在標示著「查爾斯·克羅斯總裁」的車位上。該棟大樓以玻璃與鉻鋼為主要建材，牆與牆之間的接合角度都非常怪異，形成不規則的鋸齒狀。整棟大樓猶如從地底衝出，或是利用叢林深處的巨石斧鑿而成。公司名稱「健康網」是以金屬藍色的銅片，鑲嵌在大理石上，擺放在大樓正門前方。

查爾斯一次踏著兩層階梯，快步走過大門，櫃台的警衛向總裁問好。他一面走向自己的辦公室，看到大清早走廊上就人來人往，心中稍感寬慰。他所到之處，職員都向他打招呼，可是他幾乎沒注意到，因為他正盤算著今天的行程。

☆

在華盛頓首府某個街角，地鐵站的電動手扶梯送出一波波人潮。那名女子夾在其中，步行了一小段路後，就爬上灰色水泥階梯，走進一棟外型普通的政府辦公大樓。她在大廳耽擱了一下，因為警衛在檢查另一位訪客的公事包。接著她走過金屬探測器，經過一條髒亂的走廊，然後左轉，之後是另一條長廊。她推開了一道玻璃門，門上用鋼片標示著：「企業責任辦公室」，下面則寫著：「艾莉卡．鮑溫總監」。

辦公室裏已經有職員在忙進忙出，也有裝潢工人在架設顏色鮮艷的隔板，以塑造新的工作空間。總機小姐向她打招呼：「艾莉卡小姐，早。」她逕往自己的邊間辦公室走去。

☆

就在華府南邊，查爾斯走進總裁辦公室，門口的總機小姐輕快地問安：「總裁，早。」並且遞給他一杯咖啡和一疊文件。他笑一笑，伸手拿東西的同時，腳步也沒有停下來，直接走向他的豪華套房，內部主要以鋼、黑色大理石和皮革為素材，氣派得猶如他的聖殿。他打開筆記型電腦，螢幕馬上出現報表，以及綠色的數字。他的雙手飛快地按鍵。

☆

艾莉卡一走進辦公室，電話已經在響。「我是艾莉卡，」她說，一面拿出今天的行程，一面把電話夾在肩膀上。她坐回自己的位子，另一隻手就去拿黃色的便條紙。如果她能仔細聆聽，印第安女孩的歌聲依稀還在空中飄盪。

3 危險與快樂

「先生，小姐，賞個零錢吧，拜託拜託。老天爺保佑你發大財，賞個零錢吧。先生，謝謝你。先生，小姐，賞個零錢吧，拜託拜託……。」

這個男人坐在胡利公園地鐵出口附近，衣衫襤褸，頭髮也髒得結塊。太陽已經下山了，氣溫接近華氏六十度，是華府典型的十一月氣候。可是，他還是穿著一件厚重的毛大衣，口袋裏塞滿了塑膠袋和其他雜物。人家都叫他飛毛腿阿弟，卻沒有人知道這名字的來由，或他的真實姓名。他可是胡利公園地鐵站的常客，也一向彬彬有禮。

「賞個零錢吧！」

一位戴金邊眼鏡的高個兒男子站在阿弟面前，擋住了光線。阿弟從喃喃的唸經聲中抬頭。山姆從口袋裏掏出兩個二十五分和一個一角硬幣。

「飛毛腿阿弟，今天還好吧？」

「不錯不錯，老闆。太陽不照，雨就會來了啊。」

「你總是滿腦子歪理。可不要被雨淋濕了啊！」

「謝謝你，老闆。」

山姆轉身要走的時候，不巧撞到了迎面而來的年輕女子。

「對不起，」山姆說：「真不好意思。」

年輕女子看了他一眼，望向別處，再看看他。

「你是在愛德華高中嗎？」她問道。

「是呀。」

「我是英語系的羅拉，」她伸出右手：「我在教職員會議上見過你。」

「山姆，經濟系。」

羅拉了然於心的一笑，原來他就是那個把錢放在桌上的男人。

「你是怎麼付房租的？」

「唔？」

「你好像很擅長給錢，先是你的學生，現在又是這個男人……。」

「飛毛腿阿弟嗎？這沒甚麼，只不過是幾個銅板，加一個微笑而已。」

「你不怕他把錢浪費在毒品或酒上面嗎？」

這時，山姆正打算踩碎步踏上電動手扶梯，卻停下來，面對著羅拉。

「以他的情形，我想這不叫浪費。他看來就像得要喝幾杯。」

羅拉看著山姆的眼睛。他肯定是在和她抬槓，可是他的表情冷靜，絲毫不帶訕笑，並且正等著羅拉回答。羅拉心想，他自以為在同情無家可歸的人，其實會害了他們。可是山姆就這樣輕描淡寫地略過這一點，羅拉實在有點氣，必須說些甚麼來反駁他。

「我這麼說可能會得罪你，不過……。」

「沒甚麼事會得罪我，意見不合絕不是問題。」

羅拉回頭看了阿弟一眼。阿弟正蹺腳坐著，伸出手向路人討錢。

「我不認為拿酒給酗酒的人喝，或者是請吸毒的人吸食海洛英，是在幫助他們。」羅拉說：「道理就像說，你明知道他是病人，卻偏要把更厲害的細菌注射到他身上一樣。我哥哥安德魯都會放一罐果汁在他的公事包裏，當乞丐向他討錢，他就會送他們果汁。這麼做他算是幫了個忙，也不會讓他們有機會惹麻煩。」

山姆看得出來，羅拉很崇拜她哥哥。「他在哪裏高就？」山姆問。

「他是消費品安全委員會的律師。」

山姆對消費品安全委員會並沒有好感，可也不必把這想法告訴新朋友，製造彼此的隔閡，再說，在學校裏多一個朋友，總是有好處的。於是他保持沉默。

「這做法不錯吧？」羅拉問山姆。

「妳是說消費品安全委員會？」

「不，隨身帶罐果汁。」

「我不曉得。乞丐會不會在乎每天要攝取足夠的維他命？這一點我很懷疑。他們一輩子都過得糟透了，如果說有甚麼心願，我想大概是今朝有酒今朝醉吧。他們會設法把果汁賣掉。如果賣得掉的話，你哥哥只是讓他們麻煩一點，也沒有替他們補充到甚麼營養。如果他們賣不掉，他們會把果汁喝掉，再把留下來吃午餐的錢，拿去買白粉或者是酒。所以說，你哥哥的好意，是不是完全被抹煞了呢？甚至是讓他們養成某些習慣呢？」

他們一起搭乘手扶梯。羅拉想了些別的事。地鐵站的手扶梯總是特別長，常常讓她想到一部義大利電影，其中一幕把往下降的手扶梯象徵為通往地獄的路，而往上升的則是贖罪的路。山姆也在想一件事：「地鐵挖得那麼深，我們得付多少稅呀！」

「如果要做善事，」羅拉說：「當然有權決定要怎麼給呀。」

「我同意，這畢竟是妳的、或是妳哥的錢。可是一個人施捨果汁而不是給錢……這……行善也未免行得太自私了點。」

羅拉聽他把她哥的好意形容為自私，差點就想倒退兩步，掉頭就走。

「我認為，」山姆說：「要幫人也要考慮到他人的立場，而不是從自己的好意出發。就好像說，騎機車要戴安全帽這件事一樣。」

「你不會說你反對這個規定吧？你該不會也不贊成開車要繫安全帶？」

羅拉自以為猜到山姆會怎麼回答，得意地笑了一下。

「這兩種規定我都反對。」山姆回答。

「可是安全帶救了不少人的性命耶！」羅拉生氣了。

「我也很樂意救人，可是這並不是人生唯一的目標。如果是這樣的話，我看妳不應該住在華盛頓，應該搬到比較安全的城市去。妳不應該再坐車、不該吃冰淇淋等等。人生的目標是要活得很豐富……。」

羅拉打斷他的話：「你這麼說是因為你是個經濟學家。」

「我的意思不是說要賺很多錢，而是要有很豐富的人生體驗，把生活過得更精采。如果有人甘願冒險不綁安全帶，為了想要更舒服一點，或者是為了省點錢，而買一輛沒有安全氣囊的車子，我想他們是有權這麼做的。」

「可是他們不了解，繫上安全帶或者配備安全氣囊其實是值得的，他們只是假設意外永遠不會發生。」

「我不知道，」山姆沉思著說：「也許他們是知道的，只是他們對成本與效益有不同的看法而已。這又讓我想起另外一件事，有一次在一個晚宴上，我就坐在一位急診室醫生的對面，他對安全氣囊的看法，就和妳一樣，說安全氣囊可以救人一命。我就提醒他，安全氣囊可是很貴的，也許有人會覺得這個錢不值得花。」

「怎麼會不值得呢？這可以讓你更安全呀！」

「唉……」山姆嘆了口氣：「這是個大問題呀。天下沒有白吃的午餐，多了一點安全，就表示會少了一些其他東西。妳強迫車主去買些甚麼保障安全的玩意兒，可能他們的孩子就上不了大學，或者是才藝班音樂班之類的。」

「如果孩子車禍死了就甚麼都沒有了。」羅拉說。

「沒錯，而且現在我們知道，安全氣囊還可能讓孩子喪命，可是先不去想那個，先來假設安全氣囊都能保障我們的人身安全。」

「好吧。」

「要保護孩子的行車安全，安全氣囊、安全帶之類的，並不是唯一的方法。我們還可以想很多其他的方法，而且還更省錢。譬如說，開車開慢一點、少開一點車、下雨就等雨停了再開車等等。讓父母自己去選擇要怎麼做，總比逼他們非做某件事不可要好。我說妳可能不會相信，可是妳並不會想要一部最安全穩當的車。」

「這麼說有點荒謬。」

「也許，可是我就是這麼看世界的。我不是說安全不好，保障安全好得不得了，我只是說，保障安全可能要付出太高的代價。這樣說會比較容易懂：最安全的車就是不要有車，我也只能這樣來保證妳不會發生車禍。很多人都知道不開車是很安全的。」

「這個講法很有趣，可是萬一他們做了錯誤的決定——萬一他們不像我們那麼有常識，或者是那麼會吸收新資訊呢？如此一來，他們將無法保障自己的安全。」

「如果有一個人說他比妳更會吸收新資訊，然後叫妳不要吃牛肉、不要滑雪、不要住在某個地區，因為他這位『比妳通先生』知道，做這些事要冒的險太大了。請問妳會作何感想？妳會被他的教育背景以及好意所影響嗎？」

「也許會，也許不會，但至少我會考慮他的建議，因為這樣也無傷大雅吧。」

「不，你沒有任何選擇餘地。我很感激那些想得比較多的人告訴我們這些粗線條的人說，某些事可做或不可做，因為這些都是出於他們的好意。可是我們現在談的是，不讓他們有選擇的意願。」

「你可以把安全氣囊關掉啊。」

「關掉安全氣囊是違法的。理論上，妳可以安裝一個開關鈕，可是妳必須先寫信給華盛頓某位官員，說明妳要這麼做的原因。比方說，妳媽媽有時候會開妳的車，她身高只有五呎，所以有可能會被安全氣囊傷到。如果那位官員接受了妳的說法，他會回信批准妳把安全氣囊關掉。設想得可真周到啊！他回信給妳，批准妳用最適合自己的方法，來用自己的車。接著，妳要去找一個願意幫妳裝這個鈕的技工。他會說萬一有人受傷了，或者是死了，妳可不能告他或找他麻煩。如果他願意幫妳裝，妳就得花個五百美元。所以這也不是免費的喲。」

「唔……你說得有道理。」

「啊……我吃飯碰到的那個醫生，他眼睛長在頭頂上，所以就看不到甚麼經濟學家或者是其他低等生物。他說，只要我像他那樣在急診室待過，也看過開車時速六十哩而車禍受傷的人，我就會同意他的說法。」

「那你怎麼回答？」

「我變得有點暴躁。我說：『你以為我們不知道以時速六十哩撞上東西會怎樣嗎？你以為這是個祕密嗎？難道只有醫生，還有被罰去上課宣導不可喝酒開車，還要看車禍恐怖紀錄片的人才會知道嗎？我們知道，醫生，我們清楚得不得了。也許有些人不綁安全帶是因為，他們所看重的成本與效益，和你不一樣罷了。』」

「那他又怎麼回答呢？」

「我沒給他機會回答。我問他，他的車子有沒有裝安全氣囊。馬上擊中要害！原來他的車子沒有安全氣囊。他說他要買車的時候，只有克萊斯勒和賓士可選擇安裝安全氣囊，可是這兩種車他都不喜歡。你看，這傢伙情願要款式而不考慮安全。可是他還要否定他人所作的選擇。這種人我看我一輩子都不可能理解。」

「也許你也沒有辦法了解我吧，」羅拉打趣說：「我認為綁安全帶是個很棒的做法。」

「我認為綁安全帶比甚麼都來得重要，所以我開車一定會綁安全帶。」

羅拉一時之間不知道該說甚麼。山姆似乎推翻了之前他所說的，但細心一想，他的說法也沒有甚麼矛盾。他就像個網球好手，不斷地發表高見，也不斷地保有發球權。還好列車剛好到站，她總算可以鬆一口氣了。車廂內非常擠，他們靠得很近，隨著列車的行進，身體前後搖晃。

山姆這時放掉扶手，把眼鏡摘下來，用襯衫的一角擦拭鏡片。羅拉仔細地看著他，同時聯想到一塊寫滿公式的黑板，周圍遍布粉筆灰。他的火爆個性激起了羅拉的熱情，彷彿重回耶魯大學的宿舍，為了某個哲學理念，和朋友徹夜辯論。

「嘿，」羅拉說：「你會綁安全帶，可是你不想強迫其他人去保護自己。幫別人有甚麼壞處呢？」

「這和要綁安全帶的法規一樣，大概沒甚麼壞處吧。可是你愈限制人們的選擇，你愈剝奪了他們的責任感，儘管你只是想幫他們而已。我不喜歡別人幫我做決定，所以我也同樣會尊重他人。」

「可是你明知道人們常犯錯，你不會覺得不妥嗎？」羅拉問道。

「我會呀。不過我覺得他們犯的錯，不會比妳想像中來得多。人生不就是要學習怎麼作選擇，並且負起責任嗎？我們都得要從犯錯之中汲取教訓，然後才會成長。我爸爸媽媽剛結婚的時候，在密蘇里大學城買了一棟房子，就在聖路易市的外圍。那棟房子大概是建於一九〇四年萬國博覽會那段時期，是棟老房子，但是很漂亮，走起路來地板會嘎嘎作響，還有兩個壁爐。那時，我爸爸和屋主已經談妥了，但是出了一個狀況。」

列車到站了，有一半的人下車。羅拉和山姆找到位子，坐下來繼續聊。

「當房子要過戶的時候，」山姆說：「它必須通過最新的房屋法的安全檢查。我們那棟房子的正面，有一個長長的陽台，站在那裏看風景還真不錯。可是，根據房屋法的規定，如果陽台距離地面三呎或以上的話，就必須加蓋欄杆，我們那個是四呎，所以說，如果我們真的要搬進去，就必須要加個欄杆。」

「加上欄杆還好吧？」

「有兩個人覺得不怎麼好。第一個是前屋主。他重蓋過那棟房子，讓它看起來盡量和一九〇六年建造完成時差不多，他手上還有一張當年的照片，沒有欄杆。第二個人是我爸爸。」

「也許他不想花錢蓋欄杆吧？」

「事實上，錢對他不是重點。我爸簽約的時候，前屋主答應說，萬一市政府逼他們蓋欄杆，他會負責出錢。其實，我爸是想要一個有點危險的陽台。」

「蘋果掉下來，總是離樹不遠，」羅拉打岔：「怪癖可能也會遺傳。」

「謝謝妳的誇獎，」山姆微笑著繼續說：「後來呢，我爸和那屋主就參加了一個公聽會，以保持歷史建築原貌為由，要求陽台不要加蓋欄杆。屋主說了很多歷史文物保存不易之類打動人心的話，可是還是沒有成功。艾德曼委員會（Board of Aldermen）的主任委員一直說，他有責任保護在陽台上玩耍的孩子，而且他也說，將來我爸也會養兒育女，結果也被他說中了。委員會是擔心孩子，還有來我家作客的人。」

「說得很公道嘛。」

「是呀。可是我爸心裏還有個答案，這個答案多年來一直跟著我。這時，他站起來了——至少他是這麼說的——然後開始長篇大論。他說為人父母的目標，並不只是要預防孩子受傷。為人父母的目標，是要教導孩子怎麼去面對世界上所有的危險和刺激。他希望擁有一個沒有欄杆的陽台，因為他可以藉此教孩子要小心。當然，你不會把嬰兒或小娃娃單獨留在四呎高的陽台。可是，他說，孩子長大一點之後，你就可以教他對自己的安全負責，叫他自己小心，不要從陽台掉下去。上這堂安全課，四呎高的陽台可是很理想的高度。因為如果發生意外，也許只會稍微擦傷、斷條腿、或者是……」

「摔斷脖子。」羅拉說出了自己的想法。

「沒錯。聽完這番話後，艾德曼委員會的人更深信一個事實，我爸是個瘋子。可是我爸很清楚，我們是不太可能就這樣摔斷脖子的。反過來說，如果你把家裏都加蓋欄杆，就會把外面的世界都隔絕了，生活不就變得很貧乏嗎？再說，這不只是因為你再也不能教育孩子自行面對危險負責，更因為七歲大的小孩就是喜歡站在四呎高的陽台邊，有時候甚至想跳下去。我爸常說：『危險與快樂如出一轍，如魚和水。』」

「這句話還真不錯。」

「他說這是一句諺語。他還說過『腳趾間的草，感覺真美好。即使有條蛇，智者愛赤腳』。」

「有履之足，反無知覺。」羅拉自言自語地說，有點出神。

「對不起？」山姆問：「甚麼知覺？」

「啊，是說穿了鞋的腳，反而沒有任何知覺。『有履之足，反無知覺』是吉羅．霍普金斯（Gerard Manley Hopkins）的一句詩。十九世紀詩人。他是說我們拼命追求物質享樂，反而喪失了真正感受世事的能力。」

「我爸沒怎麼教我們讀詩，可是我想他會喜歡這一句。」

「所以你爸輸了？」

「是呀，我想他那時候一定氣瘋了。」

「你那次跟那個醫生吃完飯之後，應該也是這樣吧？」

「一個禮拜之後，我們就裝了那個欄杆了。」

「你媽媽怎麼說？」

「她倒沒說甚麼。可是，過了幾年之後，她告訴我說，她很高興我爸輸了。他們兩個對危險與快樂的看法不盡相同。」

「我猜我們兩個也是。」羅拉說。

「沒錯，人有千百種，想法更是差很多。不過這可是件好事。」

羅拉笑一笑，暗忖彼此之間的思想，不知還會有多大的差異。

「問題是，」山姆繼續說：「要政府出面說：『小朋友，別靠近那些欄杆，危險啊！』這已經夠糟的了。更糟糕的是，政府把父母也當成孩子了，然後一味叫孩子們到處蓋欄杆，以便把危險減到最低。少了一分危險，就少了一分快樂。但當我們常被當作小孩子的時候，我們更喪失了一些人性。」

「甚麼？你是說我們會變得比較壞嗎？」

「不，不是這個意思，就是說……剝奪了我們身為『人』的一些權利。」

「可是，一個比較安全的世界，怎麼會扯到人的權利呢？」

「生命是由許多美好事物組成的，其中一個是，我們有選擇的自由。也就是說，我們懂得預期未來，也很清楚自己做甚麼事都必須付出代價，以及可以獲得甚麼。如果你把別人以後要冒的險都擺平了，你也同時帶走了他們的責任感，也剝奪了他們獨自面對挑戰和冒險的機會。另一方面，他們也因此無法學習怎樣去作出正確的選擇，也嘗不到真正的成果。孩子不太會預期未來，因此我們對待他們的方法是不一樣的，可是，當我們也把成人當成孩子的時候，我們就把人類面對挑戰，並且作出抉擇的機會帶走了。」

「可是戴安全帽的規定不是這樣的。」

「為甚麼？」

「因為如果有些沒買保險的笨蛋，在公路上撞車受傷的話，我得要付他的住院費，看起來我有權去保住他的頭部安全。」

「這就像妳的果汁一樣，妳當然也有權利做妳要做的事。妳爸爸每個月都給妳零用金，所以他也有權利發揮父愛。這個概念能不能用個專有名詞來表達呢？」山姆看著列車的車頂，好像答案已經寫在上面。「『血緣之愛』？有點怪怪的。」

「我不知道，」羅拉回答：「過一陣子也許就會想到了。」

「對那些無力買保險的人給予醫療補助，似乎真是件善事。行了這件大功德之後，妳又要把窮人當作孩子，為他們的生活方式設限，這又何苦呢？如果妳要行善，就盡量行善吧。何不同時也對他們說：『我接受你的真面貌，我也願意按著你的需要幫助你。』當然，要立法去提供醫療補助給那些車禍受傷的人，這點我還是存疑的。」

「你在開玩笑吧？這是防止人們不小心掉下欄杆的方法之一耶！你怎麼可以反對我們去幫助那些沒辦法幫助自己的人呢？這是自私的，邪惡的——」

「邪惡？」山姆有點摸不著頭腦：「邪惡？」

「好吧，也許只是惡毒吧。我本來以為你是成吉思汗，其實只不過是個匈奴王而已嘛。」

「歡迎妳來到經濟學的美好世界。生命裏所有寶貴的事物都是有代價的。」

羅拉看著他，笑了。

「你說得沒錯，」羅拉說：「你不太容易動怒。」

「如果妳跟我想法一樣，妳會習慣被人侮辱的。」

「山姆，如果我和你想法一樣，我搭地鐵的時候會多看書，少說話。」

「如果妳和我想法一樣，妳會覺得很孤獨、防衛心很重，可是妳會為了維護這些對的事，情願寂寞。」

山姆笑得很誠懇，羅拉一時分不清他到底是在開玩笑，還是為了緩和氣氛。她相信佛洛依德的格言，天底下沒甚麼笑話。

「我搞不懂你，」羅拉說：「你自信得有點自大，可是你又不會強逼他人接受你的意見，你反對幫助那些沒有醫療補助的人，可是你又會施捨給乞丐。還有你在教室貼了詹姆斯·史都華和唐娜·李的電影海報。為甚麼會貼那個呢？」

「因為它就該貼在那裏，再見了。」

山姆的站到了，當羅拉還滿腹疑問，他已經走遠了。

4 密謀對策

健康網的總裁查爾斯坐在黑色大理石辦公桌後面，面無表情地看著他。霍華．肯特調整了一下坐姿，身體的重心從左邊移到右邊。他把夾克的釦子解開又扣起來，又解開，不知道怎樣才不會在大老闆面前失禮。夾克最後敞開了，在脖子處和襯衫的領口之間，留了一個大縫隙，而衣領也沒有很平整。

「怎麼樣了？」查爾斯等他開口等得很不耐煩，終於忍不住先開腔。

「我們有麻煩了。」

查爾斯站起來了，不經意地把玩著西裝的釦子，再把襯衫的衣領拉直。西裝是從香港買的，量身訂製，價值兩千美元。接著，他走到右手邊一道玻璃門前，望著一個日式小庭園，一位駝背的老園丁正在用耙子整地。他不必轉身也猜得到，霍華此刻已亂了方寸。

「霍華，你做研發總監多久了？」查爾斯不願意面對霍華，眼睛盯著老園丁。霍華正打算站起來回答問題，他心想，和老闆站得這麼遠討論自己的工作經歷，總是不太好的。他的座位離查爾斯望出窗外的地方，距離就有十碼。可是，霍華又不想走過那張辦公桌，生怕老闆會覺得他越權，於是，他又坐回自己的位子。

「四年了。」他回答。

查爾斯走回自己的位子說：「實驗室很忙吧？」

霍華點點頭。

「也許你花太多時間做實驗，沒空管好你的人吧？」查爾斯把身體往前傾，儘管他的桌子很大，他的倒影卻像個大黑影籠罩著霍華。「研發總監的責任重大，你是來解決問題的，而我呢，就是要搞好這家公司。」

「我知道，我也解決過不少問題，我……我會的……我會把它解決的，」他不斷在糾正自己：「可是我想先讓你了解狀況。我們新的攝護腺藥，藥物測試的成績不太理想，我有點擔心，這會影響到整個公司。我們對這藥投入很大，得要提前做點事，免得它出甚麼差錯。我想……」

「我實在不在乎你怎麼想，我不是付錢叫你來想的，尤其是想甚麼企業策略。我付錢叫你來看好研發部，要管好它。把問題給我解決了，我們從前不也是那麼做過嗎?你知道該怎麼做的，我肯定你能做到。」

查爾斯的辦公桌上，只放了一台筆記型電腦，擱在一邊。它黑色霧面的機殼，襯著黑色大理石桌子更是閃閃發亮。查爾斯坐在椅子上，把電腦拿到面前，打開蓋子，按下開關把它喚醒。過不了多久，他的腦袋就裝滿了螢幕顯示的數字，不斷在尋找商機。兩人的對話就此結束。

「絕對沒問題的，」霍華站起來，慢慢走向門口。他突然停下來，打從進這辦公室以後，他的身體第一次放鬆：「我只想知會你……萬一出甚麼差錯的話。我知道你最討厭突發狀況。」

「你的工作就是要保證沒有突發狀況。除了突發狀況，我更痛很一件事——失敗。你知道我們上一季的數字簡直是不能看。如果這個藥賣不到預估的量，我們的股價會繼續跌下去，到時候也不必談甚麼企業策略了。可千萬不要搞砸了。」

霍華硬擠出一個笑容，表示他不會的。正當他怯怯地走出辦公室時，查爾斯正埋頭研究報表。然後，他抬起頭望著他走遠。查爾斯閉起雙眼，倒吸一口氣，搖了搖頭。

☆

由於沒有會議室可用，每逢星期一早上，企業責任辦公室的員工週會，改在艾莉卡總監的辦公室一隅舉行。每位員工都搬了一張椅子，面對艾莉卡而坐，椅子的顏色都不一樣，有些是標準政府公物的灰色、有一張是頗具設計風格的怪橘色、還有一張是鮮綠色。

共有五位女性和三位男性進來開會。艾莉卡今年三十六歲，也許是他們之中年紀最大的。所有的員工都穿著上班族便裝，只有艾莉卡穿了一套正式的深藍色裙裝，以備隨時要上山一趟。

週會一開始，他們先檢討上週企業責任熱線 1-800-CORP-RES 的案例。該熱線由企業責任辦公室設置，目的是發掘更多企業的不法行為。今天，他們接到的電話就和平常一樣多，其中有一通，是一個汽車廠生產線工人打來的，他表示某一車種在轉彎時，性能會變得非常不穩定，但是該公司已銷毀了測試報告。

「這問題跟哩程和保險桿安全性不一樣，聯邦法沒有對穩定性訂定一個標準。」艾莉卡搖搖頭，向比較資淺的同事說明。另一通來電則是一名石油公司女職員投訴自己被性騷擾。

艾莉卡針對每個個案，逐一要求屬下自願調查。大部分的案件，到最後都會無疾而終，有些則是轉到其他具有正式司法權的政府機構，例如美國職業安全衛生署（OSHA）、美國食品藥物管理局（FDA）、公平交易委員會（FTC）和公平職業機會委員會（EEOC）。企業責任辦公室則專門對付遊走在法律邊緣的企業體，它們的操守有待商榷，但迄今卻無法可管。

艾莉卡請馬歇爾．傑克森報告一下健康網的調查進度，他是組內兩位非裔美國人之一，哈佛大學法學院第一名畢業，華頓商學院企管碩士。他才來這個單位不到一年，就已被賦予重任，接手調查健康網。這足以證明，他除了會唸書之外，還擁有真才實學。

他挺直了身子說：「談到健康網就好像談到職業罪犯一樣，小到行為不良，大到凶殺，都一手包辦，簡直是目無法紀。他們在美國裁員裁了好幾千人，把生產線移到海外；他們的高級主管沒有一位是女性或者是非裔美國人；他們的藥品安全常被詬病；在海外，他們以低薪僱用童工來裝配醫療用具，再行銷到全世界；他們的藥品，價格高得離譜。」

馬歇爾針對以上問題詳細說明，並且提出證據及數據，作為輔助資料。簡報完畢以後，艾莉卡請組員一起討論，該如何著手調查。有些組員表示，先由企業責任辦公室正式列舉健康網的不法行為，聲請國會召開公聽會，接著再由其他政府單位調查。其他組員則不以為然，認為必須謹慎行事，掌握最佳時機。

艾莉卡沒說甚麼，只是讓組員對各種可行方法，分別提出優缺點及建議。當討論告一段落時，她說：「我認為我們還沒準備好。」

組員們感到有些訝異，因為艾莉卡一向都野心勃勃。「我們好像少了一樣東西，」她繼續說：「可是我不確定那是甚麼。我們手上都是些基本資料。沒錯，他們做過的壞事也夠嚇人的，但我們就差那麼一步。這一步就是要讓所有美國人都知道他們的惡行。就差這麼一件傷風敗德的事，我們去找吧，找到就來個致命的一擊。大家認為怎麼樣？」

企業責任辦公室一向都是以合議制作決策，組員常常會尊重總監的意見，但往往有例外的時候。今天，他們同意艾莉卡的判斷，答應再等一陣子。散會時，大家還閒聊了幾句，互相幫忙搬椅子，人才散去。艾莉卡請馬歇爾留下來。

「馬歇爾，你報告完了之後，就沒怎麼說話了。怎麼了？害羞？」

馬歇爾笑一笑。他個子比艾莉卡高，性格也比較溫和。有時艾莉卡會擔心，他太優秀了，待在企業責任辦公室似乎有點大材小用。不過，再怎麼說，要在華府發展，他還需要多磨鍊。

「我相信妳的直覺，」馬歇爾回答：「我只是不懂我們還能等到一些甚麼。難道我們手上抓到的污點還不夠多嗎？」

「的確夠多了，」艾莉卡說：「可是那只是污點，我要的是『爛泥巴』。如果我們現在開公聽會，那又怎樣呢？可能只是賞他們一記耳光，他們的名譽會受損，接著，就是要接受美國食品藥物管理局、或公平職業機會委員會的調查。」

馬歇爾不發一言。艾莉卡走到窗邊，馬路旁有一個生銹的垃圾箱。

「如果沒有阿拉斯加第二次漏油事件，企業責任辦公室根本不會存在，」她幾乎是在自言自語：「可是現在，我們甚麼都不是，硬塞在公平交易委員會大樓裏，隨便派給你一個辦公室，連人員也只是剛好夠用。國會偶爾丟根骨頭來，而我們呢，就要在垃圾堆裏亂翻，看看有沒有甚麼案件是其他單位漏掉的。」

「我接這份工作，」馬歇爾說：「就是要創出一番局面。」

「我知道，我知道，」艾莉卡走到他面前，神情激動地比起手勢來：「我接這工作也是看好它的潛力呀。如果我們能盯死健康網和它的總裁，我們就不必再當看門狗，而是美國食品藥物管理局、公平交易委員會、美國職業安全衛生署和公平職業機會委員會的樞紐。我們不必再去撿他們不做的案子來做，而可以全權主導任務。到最後，我們就能擁有足夠的武器，去打擊企業的不法行為。」

「馬歇爾，」艾莉卡語氣轉緩：「你在我們這裏是很重要的，你的法律背景是這次調查所必需的。這點你是知道的，對嗎？」

「我知道。」

「你推掉紐約那家法律事務所的工作，損失了不少，現在我只希望，辦這件大案子能多少補償你。不過，你得要有心理準備，這件事可不容易。查爾斯會用盡一切手段，來阻撓我們辦案。我們這次得要玩真的，這是查爾斯唯一會玩的遊戲。可是我相信，我們一定會扭轉局勢的。」

馬歇爾點點頭，走回自己的辦公室。他太資淺了，所以還未能感受到辦案的刺激。儘管他從沒見過查爾斯，可是，憑他對艾莉卡的了解，他深信即使查爾斯有三頭六臂，也阻止不了她辦案的決心。他很慶幸自己是和艾莉卡站在同一陣線。

5 薪資過低，工作過量

十二月的一個下午，羅拉獨自坐在教室裏，為明天備課。她今天一整天都有課，已經累得無法集中精神。也許喝杯咖啡，休息一下吧。於是，她朝教職員休息室走去。

下課後，走廊早已空空盪盪。羅拉沒想到在休息室遇到了山姆。他正坐在沙發上喝茶看書。距離上次他們一起坐地鐵回家，已經兩個星期了。雖然上次談得不怎麼愉快，羅拉覺得能再碰到他，和他聊聊，還是挺不錯。

「你在這兒做甚麼？」她問山姆。

「我在這兒做事呀，妳忘了？」

「哈哈，好笑。好像每個人都回家了。」

「在整理一些頭緒，妳呢？」

「我呀？我可是毫無頭緒，不要發瘋就很好了。」羅拉把咖啡壺裏的殘渣倒進流理台，然後再煮一壺咖啡，接著，她坐到單人沙發上。「誰說教書會愈教愈順手的？」

「當然會啦。妳在準備甚麼課呢？」

「有讀過《孤星血淚》嗎？」

「誰寫的？」山姆問得有點心虛。

「狄更斯，英國老頭子。有聽說過他嗎？」

「當然有啦，」山姆生氣地回答：「他還寫過《雙城記》嘛，高中就讀過。恐怕還沒讀到《孤星血淚》。」

「早知道你該先讀這本，它很可能會扭轉你的一生，教你不想當經濟學家，」羅拉笑著說：「其實啊，我是覺得你會喜歡這本書。它是講賺錢，不管是正當地賺或是不勞而獲、講人的社會階級、還有貧窮和富有。它的故事橋段很棒，而原著改編的電影也拍得不錯。我在想明天要給學生做的功課，」她突然間收起了對小說的熱忱，把話題轉到教學上：「我們快看完這本書了，所以我需要出個題目來做個總結。你說教書會愈教愈順手的，對嗎？」

「對呀，我花了兩年時間才稍微學會掌握學生。我以前就和妳現在一樣，每天加班來看明天的教材，要不就是在改作業。很多人都以為教書很簡單，其實我們得花很多心血，尤其是想要把工作做好的話。說真的，我們也可以懶散一點，每年都用同樣的教材，反正學生也不會知道，對嗎？可是我們自己心裏有數，說同樣的話說多了，自己也會提前老化。所以說，如果妳要把工作做好，妳就得拼命加班工作了。」

「好極了，所以我們不只是拿的薪水太少，而且工作量也過多了。」

「我們的薪水並沒有太少呀。」山姆側著頭，滿臉疑惑地看著她。她怎麼會覺得老師的薪水太少呢？

「我們的薪水不是太少嗎？也許你是教經濟學，所以不一樣。我在全國的首府工作，每年拿兩萬六千美金，我認為我的薪水太少了。」

「我不是很了解薪水太少是甚麼意思……。」

「別當詭辯家嘛……，」羅拉打岔說。

「詭辯家？」

「就是為了辯駁而辯駁，純粹想要用言詞來辯倒別人，一點都不顧事實真相。我怕你以後會被人貼標籤，所以先告訴你，這個名詞是有負面的意思。」

「好啦。可是我真的不知道甚麼叫做薪水太少。一般人說自己薪水太少，通常是表示希望能多賺點錢。在這種情況下，其實每個人都是薪水太少的，或者是自認為薪水太少。事實上，大部分人都覺得自己賺得不夠多。所謂知足常樂，許多人卻都不滿現狀，真的是很奇怪。」

「老師的年薪是兩萬六千美金，而那些甚麼總裁、運動員、電影明星卻能賺上好幾百萬，這怎麼可能會滿足呢？」

「這有甚麼不對嗎？」

羅拉從沙發上跳起來，在山姆面前踱步。山姆盯著她，身上的長裙搖曳著。她站定了，狠狠地用手把頭髮束起，再用大髮夾固定在腦後，很顯然她是在整理思緒，壓抑著不發脾氣。接著，她面對山姆。

「這有甚麼不對？」她終於忍不住了：「教育下一代怎會比不過追著球拍來拍去呢？」

「讓我來試看看吧。我們每年大概教三十到一百五十個小朋友。一個一流的運動員能娛樂好幾百萬人。」

「可是那畢竟只是娛樂、是胡鬧，而教育是神聖的。」

「我還蠻同意妳的說法的，所以我情願來教高中而不去……」

「打籃球？」羅拉嘲笑地說。

「不，」山姆的情緒一點都沒受她影響：「所以我情願來教高中，而不是利用我的經濟學學位去賺更多錢。」

「我很佩服你自我犧牲的精神，可是你沒有回答我的重點，一種是娛樂，另一種是神聖的。」

「哪一種是娛樂？哪一種是神聖的呢？」山姆問道。

「好好笑。你剛剛才承認，你情願來教高中，而不去賺更多錢的。」

「沒錯，這是我的想法呀。可能妳會覺得某某籃球明星只是在胡鬧，可是，對許多人來說，他可是個天才呀。如果我說他最起碼賺的要和心理醫生一樣多，妳能同意嗎？他們同樣在幫別人忘記煩惱。」

山姆雙手交叉在腦後，身體靠在沙發上，輕鬆地咧著嘴笑：「重點是，這是個美好的世界，而我們也各有各的才能。更棒的是，美國也是個美好的國家，住在這裏，我們就有選擇的自由，愛甚麼行業，就去做哪一行。我不是天生就是個經濟學家、籃球選手或是水電工人，我也可以選擇一些完全不一樣的職業，那麼我就可以擁有不同的社會地位、賺的錢也可能多些、更不用說從工作中領悟到的樂趣了。可是我選擇當個經濟學老師，因為這是最適合我的工作，但我卻懷疑這是不是最適合妳的選擇。」

「天呀，」羅拉說，她倒了一杯咖啡，坐到山姆對面的沙發上，再把腳縮進裙子裏。「你的說法好像潘格羅斯博士（Dr. Pangloss）啊。」

「誰？」

「潘格羅斯博士，他是伏爾泰的小說《戇地德》（*Candide*）裏的人物。他常說我們現在居住的世界，可能是最棒的世界了，因為在這裏，我們可以運用自由意志去作選擇。可是伏爾泰卻是在諷刺自由意志這件事。有時候，我們的最佳選擇往往都是在逼不得已的情況下所作的。光憑你或我是出於自由意志，選擇去當老師，並不會改變事實。而事實是，老師的薪資真是過低了。」

「這要看妳是怎麼衡量這件事。在今天的美國，一個老師能享有的生活水平，和以往研究人文科學的人相比，其實是好太多了。妳剛剛說，老師比其他的專業更有實質上的價值。可是價值這回事，完全看旁觀者怎麼去詮釋。可是，在我們今天的市場體系裏，沒有所謂的旁觀者。沒有人會明確表示：『我決定了，我說這社會上應該設這麼多這種工作和那麼多那種工作，還有它們的薪資結構是這樣的……。』這些完全是市場決定的，沒有人能加以干預。」

「聽你這麼說，倒像是在指責，而不是在讚賞這種市場耶。換句話說，就是沒人在管了，是嗎？每個人都得顧好自己，因為沒人會去管這個體系，以保證它能公平對待每個人，是嗎？」

「沒錯，可是它是一種美德，不是瑕疵。這個體系權力分散，而不是只集中在少數人的手裏。我用熱帶雨林來打個比方，妳把它擺著，它會活得好好的，有沒有人管呢？沒有，完全只是大自然的生存法則在管理這個體系嘛。從經濟體系來看，沒人管反而能分散權力，如此一來它能杜絕貪污——除非每個人都在貪污。萬一每個人都在貪污，妳這個社會恐怕也沒甚麼體系可以管得了啦。可是，如果有一個體系，它的權力只集中在上層少數人手中的話，我看他們幾乎不可能避免貪污的誘惑。我喜歡沒人管的體系。」

「我不懂你為甚麼會喜歡一個表揚總裁或者是……籃球明星的體系，它把這些人褒為貴族，而我們卻被貶為奴隸。」

現在輪到山姆從沙發上跳起來，踱著方步了。他和羅拉討論得太投入，以致兩人都沒注意到校工進來倒過垃圾，時間已經是五點半了。

「還有甚麼辦法呢？」山姆兩手一攤，無奈地說：「如果我們一味武斷地增加高中老師的薪水，那麼想要當老師的人，一定會比實際需要的老師數量來得多。另一方面，妳又要怎麼決定誰一年能賺十萬美金、誰又能賺一百萬呢？抽籤嗎？這麼做老師會更賣力教書嗎？還是說妳去任命一位既慷慨又獨裁的教育署長，請他去選最好的老師，給他們最高的薪水？可是，那位教育署長又能慷慨多久呢？假設現在的薪水是十萬好了，那些想當老師的人馬上就知道，名額是有限的。他們不會坐在那裏等放榜，而是千方百計，使出渾身解數去影響那位教育署長，拜託他來慷慨慷慨他們。在這樣的世界裏，誰會去維繫你要的完美體系呢？」

「這世界上還是有正直的人，而且貪污也不見得不能杜絕呀。我們可以成立一個委員會，確實選出表現最好的老師呀。」

「我不曉得。在一個錯的體系裏，絕不會有對的人，即使有好人，也會被那些沒那麼好的人擠到一邊去。想想看，所有的經濟決策都是由中央來訂定的，這會是個怎麼樣的世界呢？我就沒辦法想像，」山姆搖搖頭，繼續說：「我有個姊姊住在休士頓。在一九八〇年代末期，許多蘇聯的猶太人移民到了美國，她和她的丈夫自願去接待他們，幫助他們熟悉新環境，直到他們可以自己買車到處走。有一次，我姊帶一對夫妻去超市買東西。那是一個很普通的美式超市，走進去拿個手推車，馬上就看到第一個角落賣的是蔬果類。那兩個蘇聯人興奮得快瘋了，在那邊又叫又跳的。很顯然，他們從來沒見過這麼多的水果放在一塊，趕緊把一堆葡萄、西瓜、橘子、梨等等，統統塞進手推車裏。在他們的國家裏，這些水果只供應給共產黨員吃，你也可以買黑市的，不過價格高得一般人負擔不起。走著走著，那女的就想買些發酵粉，可是卻沒找到，我姊就變得有點尷尬了，在這個物產富饒的地方，居然沒有發酵粉？不行，她就把店長叫來問，然後他就從倉庫裏拿出一盒十二包的發酵粉。那女的拿了幾包，店長就把其餘的放在貨架上。沒甚麼大不了，對嗎？可是那蘇聯太太卻對著我姊姊笑，妳知道為甚麼嗎？因為她以為我姊一定是很了不起的人物，可以請店長拿些藏在裏面的好貨色出來，給一些不簡單的顧客，就好像在蘇聯一樣。真難想像住在那種體系裏，連發酵粉、肉、水果、或是好的工作、好的住宅都得要看你是不是加入了對的黨、成為對的黨員，或是說，你認識一些對的人。太恐怖了。」

「我們的體系也和這個差不多呀，要找到工作，你就得留個好印象給老闆呀。」

「沒錯，可是我們有成千上萬個老闆呀，萬一他們請了些馬屁蟲、或是只會賄賂的員工，可是會影響到公司耶。」

「我還是要回到我剛說的那一點，如果我們的體系運作得那麼好，為甚麼它不能付給老師活得下去的薪水呢？」

「妳快死了嗎？如果妳不想做，還有很多很健康的人在排隊，等著要來這裏教書。如果妳要把這事怪在誰的頭上的話，我看就只有怪我們這些當老師的了。實在有太多人願意接受這種薪水了，所以它才會一直維持在某個水平。妳也許會問，為甚麼那麼多人想要當老師呢？其實說穿了，就是因為它是一份很棒的工作呀。不但有寒暑假，一旦妳掌握到教學的竅門，妳就幾乎可以每天下午三點半下班。如果妳教出了心得，妳更可以看到年輕人的腦袋裏，叮的一聲亮起了一個燈泡，這些也算是低薪以外的補償吧？就把這些福利當作是薪水的一部分，妳也許就能甘之如飴了。妳也應該要心存感激，因為它並不是一件很令人唾棄的工作，需要用高薪才有人肯做。」

「我也很喜歡這些福利，」羅拉承認了：「可是大部分老師也是因為逼不得已，才會接受低薪的呀。」

「我不同意，他們有自由去追求自己的理想，許多人也找得到待遇更好的工作呀。」

「可是找不到的就是找不到，就是被困在這裏。對不起，這聽起來很殘忍。」

「殘忍？殘忍的定義是虐待一頭貓，或者是搶走小朋友手上的棒棒糖。可是我承認經濟狀況常有高低起伏，如果妳知道怎麼避免過苦日子，還能過得好好的，教教我吧。」

「我們就不能減少一點點苦，而還能維持生活嗎？」

「妳這麼說就切中要害了！」山姆突然不說話了，他好像在想別的事。接著，他問道：「你覺得我很殘忍嗎？」他似乎對這個問題十分感興趣。

「我盡量多聽別人的意見，」羅拉回答：「再怎麼說，你已經不像第一次和我聊天時那麼『邪惡』了。可是，我還是覺得我自己的薪水太低。」

「那就去呀，去唸個MBA回來呀、去販毒也行。拼命工作吧、再去找份副業吧。不要抱怨了，自己想想辦法呀。要責怪這個社會太簡單了，可是賺多賺少還是掌握在自己手裏。俗話說，又要馬兒好，又要馬兒不吃草，在經濟體系裏，這行不通的。有時候最好的工作，薪水反而少，因為大家都搶著要去做。」

「那麼為甚麼運動員會賺那麼多錢呢？不是每個人都想過得風風光光、多彩多姿嗎？」

「很多人都想過得風光，可是不是每個人都能像喬登一樣，把籃球和芭蕾融合得那麼完美。當供給少的時候，酬勞就相對高了。所以呀，即使全世界好幾百萬人都想要當籃球明星，酬勞卻還是那麼高。」

「那你又怎麼解釋那些賺好幾百萬的總裁呢？他們只會裁員減薪，這又有甚麼技術可言？為甚麼每個總裁，不論他們是好是壞，個個都能賺那麼多錢呢？」

「我的學生上我第一堂課的時候，他們都以為當個總裁，就是坐在一張大桌子後面，數數鈔票、喝個咖啡、偶爾聽個電話。他們以為這種工作只是靠運氣的，賭輸了頂多就去擺攤子賣漢堡。」

「難道不是這樣嗎？」

「很好笑，也許妳該來旁聽我的課，」山姆的語氣有點怪異，「其實，總裁的工作比妳想像中難多了；要經管一個大企業，也比我們想像中困難。為甚麼一個表現平平的總裁可以賺那麼多錢呢？我懷疑這跟每年賺好幾百萬的NBA候補球員一樣，表面看起來，他們都是平庸的，但實際上他們已經表現得非常優秀了，換作是我們，絕對是做不來的。可是，任何體系都不是完美的，有些總裁能賺很多錢，是因為他們的董事會太軟弱了；有些總裁會為了私利，在財務報表上動手腳，誤導董事會；有些總裁則有意無意地犯了些錯，以至於傷害了他們的員工、顧客或者是股東；無論如何，不負責任或無能的總裁會愈來愈難找到工作。這個體系專整那些專制的總裁；愈來愈少人會替奸詐的總裁做事，相對地，也愈來愈少人會聘請那種人，因為體系會發揮自律的作用。它最精采的地方就在於，不論是要聘僱或辭退員工，這種權力永遠落在負責企業成敗的人手上，而且這是超級有效的做法。我比較偏向這種方式，而不認同把經濟權力統統都交給甚麼委員會、評議會、或者是華盛頓某個政府機構，因為這樣做又會造就出另外一種『專制的總裁』，而且更不會負起責任。」

「我比較信任政府官員，山姆。也許是我的偏見吧，我有好些家人是替政府做事的。」

「我了解。我可是很認真地想要減少妳的不滿，」山姆繼續說：「生命中少一分不滿，多一分快樂。如果妳討厭自己只賺兩萬六千美元，不要一直唸，趕快想想辦法吧。」

「我現在還不曉得自己喜不喜歡教書，不過，我打算再去唸法律。」

羅拉暫時沉默了，一方面在期待對方表現出驚訝的神色，另一方面也想喘口氣。她以為山姆會很欣賞她的想法，沒想到——

「再考慮看看吧！」山姆想都不想就說。

「為甚麼？」羅拉提高聲調，不期然地自我防衛起來。

「沒甚麼啦，要解釋又得花很久時間，妳可能浪費了所有的青春，都還沒講完，妳會恨死我的。再說，我餓死了，想去吃點甚麼嗎？」

「和一個會浪費我青春的男人一起去？」羅拉緺緺眉頭，希望在這個驕傲的男人面前，還保留一點自尊：「我得回去做事。」

山姆聳聳肩，目送羅拉走出休息室。這樣的收場不太漂亮嘛，他心想，下次再好好表現吧。

山姆走去信箱檢查郵件，許多出版商都寄促銷信函給他，其中還有一封信，封面有紅色的「密件」字樣，以及「山姆先生親啟」幾個字。他走回休息室，坐下來看。

山姆．高登先生鈞鑒：

董事會上週曾就你的若干行為提出異議，而我亦曾約談數名學生，深入了解事情原委。遺憾的是，在印證多方說詞之後，證實董事會所言皆屬實。

針對調查結果，我曾與數名董事會主要成員商量，結論是，我必須撤除你的現職。本校規定，撤職必須經由董事會投票，一致通過方可執行。倘若董事會達成上述決議，你將有機會提出申訴。

此決議以及各項細節一律以密件處理，並不值得愛德華高中或你任何一方將之公開，亦不涉及法律仲裁。倘若你以個人前途為考量，決定另覓高就，因而避免董事會達成正式決議，董事會將協助你申請工作等各項事宜。

校長　富蘭克林．哈爾金

6 熄燈

「各位，請靜一靜，我有一個壞消息。」

說話的人是喬治．蘇沙蘭，他站在椅子上，對著三百多張焦慮的臉，其中有些人是穿西裝打領帶，可是大部分都是穿工作服。

偌大的倉庫鴉雀無聲，氣氛非常凝重。

「我是在這個小鎮出生的，我的第一份工作，是在這裏當倉管。在這裏幹活，全職也好、兼職也好，也幹了幾乎一輩子，本來還想待在這裏，一直到退休，你們當中一定也有很多人和我一樣。也許大家都聽說了，健康網要把這個廠關掉，搬到墨西哥去。也許是下個月吧，倉庫裏所有存貨都會運走，隔壁的生產線也要停掉。」

喬治低頭看著大家好一陣子，他努力保持鎮定，不容易呀，看著一群好人臉上流露出苦澀的表情。同時，他也注意到地板乾淨得一塵不染。其實，整個倉庫都是如此，整潔得跟他自家的車庫一樣，所有東西都井然有序。每當他想到這些人、這些人所付出的努力，他就不期然感到光榮。

「你們是公司的命脈，能夠和大家一起打拼，一起管好這個倉庫，是我畢生的榮幸和快樂。法律規定，健康網必須給你們三個月的通知，另外，這個月底，公司會加發給每人五十美金。」

他把這話講得理不直氣不壯，還差點嗆到自己。講完之後，只聽到員工一陣咒罵、鼓噪，喬治只好等他們先洩憤，再控制全場安靜下來。

「我非常能體會你們的心情，老實說，我也很生氣。我知道這是不公平的，而且也是不對的。可是，照目前的情況來看，也只能這樣了。如果有甚麼能幫你們的地方，我的大門是隨時打開的。大家明天見了。」

員工陸續走出倉庫，喬治獨自留下來，享受他最喜愛的寧靜。在四下無人的倉庫裏，腳步聲還會發出空盪的迴音。他在高中時代，就在這裏打工，先在辦公室待一陣子，然後就在倉庫開堆高機。他很喜歡這棟寬敞的建築，高高的天花板下，是一排一排整齊的貨架，延伸得幾乎沒有盡頭。置身此地，他彷彿忘記了自己家的狹小侷促、暫時感受一下自由的氣息。

未來，未來將是怎樣的光景？他簡直無法想像少了這個地方、少了這份工作之後，他的世界還會剩下甚麼。他看到了堆高機，從前有八到十台放在那裏，現在只有兩台。想到了過去，他坐上其中一台堆高機，把它啟動，沿著地上藍色噴漆的發貨動線開過去。其實他看都不必看，這條路他再熟悉不過了。記得那天剛好是他二十歲生日，不巧他要輪夜班，在百無聊賴的深夜，他就和另外一個倉管打賭，說自己閉著眼睛都可以走這條路。結果他做到了，可是那個人不肯給錢，說他作弊。喬治一點也不在意，他凡事喜歡妥善掌握，這才是重點。

他好幾個高中同學已經去了俄亥俄州。那個時候誰要甚麼大學文憑呢？高中畢業之後，早就有工廠等著請，你只要努力做就是了。可是現在，全美國的工廠關的關、倒的倒。他的孩子又將何去何從呢？

今晚開了一趟堆高機，反倒釐清了他的思緒，輒輒的機器聲，也似乎蓋過了他剛才所說的一番話。都是些狠話，他從來也講不出口的狠話。喬治把堆高機停妥，再把倉庫鎖好。再也沒有夜班可值了，所有的工作都移到別的地方去了。

停車場上只剩下他的車，把它留在這裏，走路回家好了。他需要時間去想想該怎麼跟太太和家人說。這不是件容易的事，整個小鎮的男男女女，都將要鼓起勇氣面對家人，告訴他們，鞋子穿破了，工作終於沒了。喬治相信，不管是心理上還是財務上，大部分人都沒準備好接受這項事實。

這個小地方將備受打擊，就如同俄亥俄州其他小鎮，甚至是全美任何一個地方。許多家庭都懷著同樣的理想和夢想，可是，今天的晚餐桌上，爸媽必須告訴孩子們，日子大不如前了。度假的計畫要延期、不可能買新的腳踏車、等你長大一點再去矯正牙齒，買新車？別想了，我們得把第二部車賣掉。

家裏的少年，以及家庭主婦都必須出去找工作了。可是，這只是個小鎮呀，怎麼可能有足夠的工作機會呢？而且，太多顧客消費不起，大大小小的企業也將經營不下去。看起來，鎮民都要勒緊腰帶，祈求上天相助了。而且，艱困的時期將會持續很久。

喬治一向不是個悲觀的人，可是今晚，當他想到他的家鄉、他的家人即將面對的厄運，不禁停下腳步，坐在市集一顆橡樹下的長椅上，頭埋在雙手裏。過了好一陣子，他終於站起來，朝著北邊的楓葉街走去。他緩緩地爬了一個小坡，在前面第三棟小房子的陽台上，他看到燈亮了。喬治吸一口氣，邁開大步，勉強擠出一個微笑來面對等他回家的太太和孩子們。

☆

查爾斯打高爾夫球的方法，和開車、鞭策員工的態度……反正做任何事情都一樣，具有十足的自信，再加上一股狠勁。他用超大球頭的一號木桿，使勁把球擊向藍天，只見球像火箭一般飛出去，遠遠落在距離發球區二百五十碼的球道上。

「老闆，打得真棒呀。」

查爾斯沒說甚麼，他正在想下一球該怎麼打。剛才在奉承老闆的是羅勃·布蘭肯錫，健康網的公關總監。他正在練習揮桿，準備開球。他自忖第一洞通常比較難打，於是他選用三號木桿，而不冒險用一號木桿。

開球的好壞往往會影響一天的成績，和查爾斯打球，他的心理壓力更大。他必須和查爾斯打得勢均力敵，可是，他真的想要擊敗老闆嗎？老實說，他沒甚麼選擇。儘管他比查爾斯年輕，球技卻不如查爾斯，即使羅勃再怎麼盡力，還是會輸三到五桿。

羅勃舒了一口氣，他的揮桿還不錯。「靠左！靠左！」他抬頭看球時，低聲自言自語。如果是在一般的球場，羅勃的確打出了一記好球，可是在這裏，卻是失誤了。這個球場是查爾斯兩年前蓋的，隔壁就是公司總部。在第一洞的球道右邊，是一片維吉尼亞松樹林，它正殷殷期待有人打個失誤球過去。

球打在球道上，卻彈到樹林裏去了，羅勃輕聲罵了一句。

「你手肘抬起來了。」查爾斯語帶指責。

羅勃點頭認錯，並努力壓抑自己的怒氣。要求重新開球是絕對不可能的。

兩個男人坐上了電動車，羅勃負責駕駛。不論再怎麼難受，他還是情願坐在查爾斯的辦公室裏，也不要待在這片草地上，假裝玩得很開心，同時還要趁著坐車的短短幾分鐘內，辦幾件正事。可是，查爾斯就是吃這一套。當他發現羅勃會打球的時候，他高興得不得了。查爾斯一向都很討厭公關這玩意兒，羅勃只能先陪他打打球，他才肯吞下一劑苦藥。

到了樹林，羅勃跳下車，找那顆兔子般跳進來的球。他作勢到處找，便馬上放棄了，要查爾斯等太久，可是會不耐煩的。再說，查爾斯快要打出博蒂了，可想而知，他現在一定很想趕快打第二桿，把球打上果嶺。羅勃另外放一個球在地上，再次揮桿，把它打到果嶺附近。

查爾斯皺著眉搖搖頭，心想：「這人真沒大腦。」接著，他拿出七號鐵桿，咻的一聲，打出一道完美的拋物線，把球送上果嶺，離洞口只有十五呎而已。他不住催促羅勃趕快把球打上果嶺，並以兩推桿，總桿數七桿完成這一洞。最後，查爾斯推桿打出博蒂，球在洞邊繞了幾圈之後，進洞。查爾斯滿意地比了個手勢。

羅勃接著在標準桿三桿的第三洞打出平標準桿，打完第四洞之後，查爾斯領先了羅勃五桿。查爾斯技高一籌，而兩人也競賽得很激烈似的，這正是查爾斯最喜歡的模式。總而言之，今天情況還不錯，也給了羅勃一些勇氣去談公事。

「老闆，您有沒有想過俄亥俄廠的事呀？就是那個馬龍廠。」當他們開車去第五洞時，羅勃大膽地問。

「當然有啦，」查爾斯斜眼瞅著羅勃，心裏不住納悶：「怪怪，這司機是個瘋子，是吧？」只見羅勃定睛看著前方的小徑。「不必多想，」查爾斯繼續說：「馬龍的廠加入工會了嘛。遷到墨西哥，五年內可以增加兩千萬美金的利潤，而且是稅後哦。」

「我知道，我公關稿也寫了。我的意思是，您有沒有想過整個大環境呢？」

「甚麼大環境？」

「那個小鎮會很慘呀，我們是那裏最大的雇主，不會有甚麼好話的。」

查爾斯又盯著羅勃。

「老兄，你的工作就是要避免這種壞消息。你打算怎麼做呢？」

「最近運氣不怎麼好，我寫了些稿子，說我們其他美國廠會增加出口以彌補關廠的衝擊，可是都還沒見報。」

「再努力點吧。」

「我會的，老闆。我只是在想，如果我們花個小錢，就當作是捐給當地，表示點好意，說是帶動景氣、幫助慈善團體甚麼的，再……」

「花個小錢是多小的錢呀？」

「不曉得，大概是十萬美元吧，比好好辦一次在職訓練還便宜，差不多是每個居民一塊美金而已，並不多，這麼做也可以表示我們很關心馬龍，我們……」

「完完全全沒有必要，我們已經花了快十萬美元的遣散費了。你該叫媒體替我們說話，我們已經盡力了，羅勃，你到底是站在哪一邊的？」

羅勃心想，他已經盡力說服老闆，看起來也不好再替馬龍廠說甚麼了。現在，他把全部心思都放在五百九十碼的第五洞。

☆

在喬治城的高級住宅區裏，艾莉卡每天睡覺前，都會盤腿坐在家裏最舒服的大沙發上，只留一盞燈，然後埋頭看文件。她穿著灰色汗衫，紅色頭髮隨意盤在頭上，戴著一副圓圓的眼鏡，看起來就像是一隻變種的貓頭鷹。看著看著，她抬頭看一下時鐘，霎地跳起來，打開電視看十一點的夜間新聞。

「今晚頭條新聞：健康網馬龍廠關廠糾紛再起，健康網公司下場並不健康。本台記者在克利夫蘭的報導。」

「謝謝你，丹恩。目前記者的位置是在馬龍鎮，我們請到的是凱西．蘇沙蘭和她的三個小孩。凱西的先生喬治曾任健康網馬龍廠的倉管經理達十年之久。凱西女士，健康網這次遷廠計畫，對您的生活造成了多大的影響？」

艾莉卡專心看著這段訪問，凱西言詞誠懇、態度大方，對觀眾具有一定的說服力，而站在她身邊的孩子們，也對她的發言很有幫助。她告訴記者，她已經無法支付房屋貸款。而她的身後，一群員工鬧哄哄地舉起標語，抗議健康網的遷廠行動。

稍早時候，艾莉卡接到一通電話，表示電視台將披露這則消息，如此一來，她就非得插手此事不可，國會也將要求盡快召開聽證會，到時候，她就必須以企業責任辦公室的名義，對健康網進行正式的調查了。直至目前為止，她還在等她所說的「缺少的那樣東西」出現，而她也心知肚明，只要那東西出現了，她就可以一舉擊潰健康網。可是，在還沒等到之前，艾莉卡只能設法拖延時間。

☆

在北維吉尼亞州的一間公寓內，一名年輕女子正坐在床上，不停地梳理她的一頭金色長髮。她也看到了夜間新聞裏，媽媽帶著三名子女，訴說著沒錢繳房貸的苦況。在訪問結束時，旁白出現播報員的聲音：

「如果您想舉報您的雇主有任何不負責任或不當行為，請致電：1-800-CORP-RES，企業責任辦公室將竭誠為您服務。企業責任辦公室的熱線電話是1-800-CORP-RES。」

這名女子馬上把梳子放下，跳下床去找紙筆把電話抄下。就這麼辦吧，她決定了。

7 剝削消費者

「羅拉小姐，總共是二十塊四美元。」

羅拉奇怪為甚麼乾洗四件上衣會這麼貴。在一月某個午後，當她站在「首都乾洗店」門外，考慮該不該繼續穿絲質和麻布衣服時，山姆匆匆忙忙走到這裏，手裏拿著幾件要送洗的襯衫。看到羅拉，他吃驚地停了下來。

「喂，羅拉，」他看看手錶：「才四點十五分，妳就下班啦？恭喜恭喜。明天的課都已準備好了？」

「還沒，晚上再說吧。得辦點事，女人的衣服要乾洗，真貴得離譜。」羅拉不自覺地自言自語。

「等我一下，馬上回來。」

雖然首都乾洗店離愛德華高中不遠，羅拉遇到山姆，還是覺得有點意外。縐縐的棉襯衫似乎是他衣櫥裏永遠的主角，所以，羅拉看到他來這裏，還是覺得蠻欣慰的，不管他是常客，還是稀客。

山姆從店裏走出來時，羅拉已經坐在隔壁的公園長椅上等他了。

「你洗幾件襯衫呢？」羅拉問道。

「八件。」

羅拉按耐住想請教他八件襯衫能穿多久的衝動。六個月？一年？

「他們是怎麼算你錢呢？」羅拉倒是問了這個問題。

「每件只要一塊五美元，只要我星期四親自來取回。」

「我四件上衣，比你八件襯衫還貴呢！你覺得公平嗎？」

「搞經濟的，對『公不公平』這個問題，不是很在行耶，也許是因為這樣，我們的社會形象和人氣不佳。」

「這只是其中一個原因，你就告訴我，這公不公平就是了。」羅拉說。

「讓我先問妳，妳真的是要聽我意見，還是妳想有人來附和妳的不滿？」

羅拉微笑不語。

「找個人陪妳一起生氣，氣會消得比較快，」山姆繼續說：「我可沒氣啊，可是我可以逗妳開心。」

「好呀，來吧。」羅拉馬上說。

「也許妳會猜得出來，我不覺得這跟『公不公平』有甚麼關係。如果妳……」

「你只在意利潤，」羅拉打岔，又開始生氣山姆擺出一副毫不在乎的樣子：「還有企業可以設定市場能負擔得起的最高價格。你就是這樣丈量『公平』兩個字，如果你問我，我會說這是扭曲事實。」

羅拉背靠著長凳，雙手在胸口交叉。

「我看這氣要消得花點時間，」山姆說：「不如我們先休兵，去喝杯咖啡吧。」山姆順勢斜指著前方過一個路口，有一家叫「好逗」的咖啡吧。

「好……吧。」羅拉有點猶豫。

「我請。」

「喂，先聲明呀，花了這些乾洗錢，我還可以花得起偶爾喝杯拿鐵咖啡。不過以後我的衣服就會看起來縐縐的了。」

「沒關係，我不會告訴校長的。」

「唔，我還有點時間，走吧。」

羅拉聽說學校正在調查山姆，卻不知道事實究竟如何。有些人傳說他教完這個學期就會走。通常散播這類謠言的是學生，羅拉才剛開始教書，不知道該不該隨便聽信這些。

「好逗」每天這個時段幾乎都沒甚麼客人，頂多只有三兩個在喝下午茶、看看書報。他們走進咖啡吧之後，只見櫃台沒人排隊，於是他們就直接點了兩杯飲料，羅拉點了低脂拿鐵，而山姆是熱紅茶。他們選了靠窗的位置坐下，羅拉把她的衣服小心地架在一張空椅了上。

「羅拉。」

「山姆。」

「喂，妳是完全誤會我了，而且是一百八十度大誤會。如果妳想聽聽我的想法，我很樂意告訴妳；如果妳急著要發牢騷，我看我們就不要談乾洗，換個話題談學校的行政好了。妳認為呢？」

羅拉好想談談學校的行政問題，如此一來，她就可以親自向當事人求證，謠言是否屬實。她告訴自己，自己想得知真相，無非是想滿足好奇心，而不是因為關懷對方。山姆的思想太偏激了，羅拉心想，自己不太可能把他當成好朋友的。

「我想，我喜歡發牢騷。」羅拉微笑著說。

「很多人都喜歡呀，不過我覺得沒人發牢騷的世界會比較美。」

「也許吧，你繼續說呀。」

「妳認為自己是乾洗店的受害者，因為老闆太貪心了，對嗎？」

「你是另有高見吧？」

「妳有沒有想過，要怎麼做才不會讓消費者成為貪心老闆的肥羊？」山姆問道。

「首先，你可以立法規定他男女洗衣，一律同價。」

「這是一個方法，而且是一個代價很高的方法。」

「怎麼會呢？對誰代價很高？是乾洗業者嗎？」

「事實上，並不見得是乾洗業者。企業界會想盡辦法，避免立法管制所衍生的成本，羊毛出在羊身上，他們最後會把費用轉嫁到消費者身上。我們現在談的乾洗付費標準，如果一定要乾洗業者守法，他們要不就是調高洗男性襯衫的錢，要不就是不再洗女性襯衫。妳盼望公平，到頭來會害了消費者。我們不如立法來保障消費者，要那些本該參與訂定這條法令的律師去想一些更有效的解決方案才對。所以說，我情願甚麼都不做。」

「說得真好呀。」羅拉話中帶刺。

「妳想想看，這個貪心的老闆，」山姆愉悅地說，並不在意羅拉的反應：「他收費愈高，賺的錢愈多。同樣道理，他也可以賣些次等貨，好去降低成本，並且增加利潤。如此一來，妳說他會不會想賣些次等貨，價錢卻還是保持那麼高呢？我猜這會是個很大的誘惑吧？」

「這點我也注意到了，而且你也很認同他的做法。」羅拉比剛才更生氣了，山姆的確很惹人討厭。

「是呀。現在問題來了，為甚麼我會這麼想呢？我畢竟也是個消費者呀，為甚麼我就不去罵老闆貪心呢？」

羅拉有點說不出話來了。

「我的確沒想過這問題，」她回答：「也許你認為商人有權這麼做吧，我卻不這麼認為。」

「可是為甚麼我就非相信消費者活該被剝削不可？你看我像是個唯利是圖的商人嗎？」

山姆雙臂一攤，意思是放馬過來，羅拉忍不住笑了。

「那你怎麼受得了其他人以此謀利呢？」

「因為這樣可以幫助消費者。經商的目的就是要獲利，而想獲利，你就要先取悅消費者。當生意上出現競爭對手時，你想亂挖消費者的荷包，無疑就是把他們趕走，叫他們再去找別的店家。至於薪水和工作環境，也是同樣的道理。你一定以為每個老闆都只想付員工年薪一千美元，然後叫他們每個禮拜都工作一百個小時。」

「他們不都是這樣嗎？我們也因此組織了工會，還有立法保障最低工資，不是嗎？」

「在美國，單就私人企業來看，大約有十％的勞工是組織了工會，而低於五％的人拿的是最低工資。為甚麼剩下八五％的人會賺得多過立法規定的最低工資呢？甚至比這個超出好幾十倍？我們要如何避免被剝削呢？」

「我從沒想過這問題，你的確問得很好。」

「從五〇年代中期開始，工會的會員人數幾乎每年都在下降，也是從那個時期開始，薪資增加了，工作天數減少了。除此之外，資方也提供了很多福利，例如，彈性上下班時間、各項電信設備、辦公室托兒服務、還有健身房，花樣百出。你想，那些愛賺錢的商人為甚麼要做這麼多好事？無非也是因為競爭。如果妳想吸引一流人才替妳賣命，妳就要付高薪，並且提供良好的工作環境。妳說妳每年賺兩萬六千美元是低薪，為甚麼我們的高中不給得更少呢？因為他們再給少一點，就沒有辦法請得到好老師了。產品價格也是同樣道理，如果妳想吸引消費者，妳訂的價格只能稍微高出成本一點點，否則的話，妳的競爭對手就會用更低的價格或更高的品質，來搶走妳的顧客。」

「也許大家對這種競爭理論說得太理想化了，我曾經看過報上一個報導說，乾洗業者一致決議把價格訂高。這真有其事嗎？」

「我懷疑。首先，業界串通壟斷價格本來就是違法的；第二，如果我是洗衣店老闆，也已經和同業串通好統一售價的話，我會剝削男人，而不是女人，因為男人襯衫的生意，一定會比女人上衣來得好。不過我們先來假設，乾洗業者已協議好，女裝送洗一定要算貴一點。妳知道要大家遵守這項協議，有多困難嗎？這是因為大家都覺得不違反協議，實在是太對不起自己了。在實際操作上，他們會用降價或其他促銷手法來吸引消費者。即便是石油輸出國家組織（OPEC）也常常會違反會中的協議，按照市場的需求，自行調整油價，目的當然就是要打敗競爭對手，多賺點錢。而OPEC只不過是幾個產油國組成的，就已經搞成這種局面了。如果妳剛才說的那則消息是真的，有心人就會因此開一家新的乾洗店，專門以低價洗女裝，也照樣可以吸引到很多女性上門光顧，大把大把鈔票賺進口袋。」

「就看有沒有人注意到這種機會了。」

「這種事一定會有很多人知道的，甚至學校的老師都會知道。我們常講一個笑話，兩個經濟學家走在路上，其中一個跟另一個說：『看！路上有張二十塊耶。』另一個人回答：『不必看了，如果它真的在那裏，早就被人撿起來了。』」

「哈哈，經濟學的笑話都有點冷。」

「是有一點點冷啦，」山姆承認道：「可是利潤就像地上的錢，很快就會被人撿起來的。

要把握機會賺錢，就要抓得住消費者的需要，並且盡可能壓低價格。要鞏固客源，妳就必須要想辦法維持低價，並且提升品質。現代商業之道就是『更便宜、品質更好』，妳看吸管。」

「吸管？」

「對，吸管。紙做的吸管已經能用了，不是嗎？可是，即使像吸管般微不足道的商品，都需要不斷的改良。妳可以用紙的或塑膠的吸管、有顏色的或條紋的；多花點錢，妳可以買到可彎曲的、或者是有造型的吸管等等。或者說牙線，妳可以買普通的牙線，也可以選薄荷口味、水果口味、有塗蠟的、放在盒子裏一捲捲的、也有一根根諸如此類的。商人們一直在動腦筋發掘消費者各種可能的品味，設法讓妳過得更好。」

「不曉得，這些商品都真的有點微不足道。不過，我們需要一種以上的牙線或吸管嗎？」

「我不能回答這個問題，同樣地，我也不能回答說，我們是不是需要一種以上的大哥大、癌症治療方法、襯衫、或者是麥片等等。商品是微不足道也好、不可或缺也好，妳不可能阻止商人在市場上販賣各式各樣的產品，去滿足消費者最稀奇古怪的需求。就好像說，妳也不可能阻止熱帶雨林朝著四面八方茂盛地生長著。雨林真的需要十種以上的花嗎？它的每一吋泥土都需要充滿生機嗎？可不可以有些土地是暫時『休耕』呢？在雨林裏，所有植物都在爭取陽光、水分和養分，商場也是一樣。只不過，商人爭取的是消費者。以雨林的比喻來講，消費者就是陽光，是一切生機的創造者；而利潤則是植物的果實。接下來，市場上出現競爭了，商人被逼降低售價，利潤也因此變薄了。乾洗業並不是一個新興行業，如果業者可以用更低的價錢來洗女裝，並且可以因此賺很多錢，我猜早就有人這麼做了。妳喜歡喝茶嗎？」

「喜歡呀。」

「那妳認為我們需要一種以上的熱飲嗎？有咖啡因和沒咖啡因的？妳甚至不想只點咖啡，妳喝的是低脂拿鐵咖啡。妳能想像一個只有茶可以喝的世界嗎？」

「我承認，」羅拉笑著說：「我通常是喝咖啡的。」

「那妳就該有權點咖啡來喝，所有咖啡的種類、口味都是由市場來決定的。」

「我是有點中了市場的毒，市面上產品種類那麼多，我猜我快變成物質的奴隸了。」山姆微笑。他們聊天的時候，又多了幾位客人進來，店內的人氣開始旺起來。山姆很慶幸自己選了靠窗的桌子，窗外擾嚷的街道，剛好是彼此談天的最佳背景音樂。

「還有更糟糕的奴隸制度呢。」他說。

「可是，如果『更便宜、品質更好』是現代商業之道，」羅拉問道：「為甚麼物價會愈來愈高呢？競爭好像沒在發揮作用嘛？」

「那是因為通貨膨脹所致。五十年、一百年前，物價比現在低多了，但是我們的收入也很低。如果妳想研究一下市場是怎麼對待我們的，我們必須先把通貨膨脹的影響抽離開來。」

「那你得出的答案是……？」

「一百年前，學校老師的年薪是比三百美元多一點點。她……。」

「噢，我還嫌自己薪水低呢。」

「她那時候的物價也很低呀，一打雞蛋才二十分錢。可是如果妳今天的薪水是兩萬六千美元，而雞蛋則是一打一美元，那麼現在的雞蛋，是不是比較便宜了呢？如果妳將不同的產品拿來作比較，妳就會知道，妳的生活水平比起一九〇〇年或是一九五〇年代的老前輩，實在是好上了好幾倍。除此之外，這也不包括所謂『技術革新』所帶來的影響，那個年代的人根本沒見過薄荷味的牙線、低脂拿鐵、妳開的車子、電腦、網際網路、抗生素、以及所有醫藥革新。這一切的改變完全都是市場和競爭帶來的，而且我也蠻確定一件事。」

「甚麼事？」

「一九〇〇年代的老師應該是自己洗衣服的吧？所以，她絕對不會被乾洗店老闆剝削，要她多付錢的。」

羅拉大笑。她望出窗外，發覺交通開始繁忙起來了，她努力忍住不去看手錶——心想也許還可以多坐幾分鐘吧。今天，她和山姆聊得很愉快，可是，他的論調好像還是有些不對的地方。

「那麼，」羅拉問道：「那些沒有競爭對手的行業又怎麼說？你總不會支持壟斷市場，而覺得消費者不必保護吧？」

「壟斷市場的確是很少見的，而且是違反自然的事。種玉米的農夫要想，他該怎麼不去跟別的農作物競爭呢？商界也是同樣道理。各行各業都會有競爭對手，只是有時候大家都沒察覺到吧。有沒有聽說過『卡夫與艾瑟』（Keuffel and Esser）？」

「聽起來像一家法律顧問公司。」

「他們賣計算尺。」

羅拉滿臉疑惑。

「這玩意兒到了我們這一代就消失了，」山姆解釋說：「我爸就有一把，它是古早的人用來計算乘法、開平方根之類的數學工具。卡夫與艾瑟做的計算尺最好用，擁有非常高的市場占有率。在一九六七年，卡夫與艾瑟進行了一項市場調查，預測我們的世界到了二〇六七年的時候，將會變成甚麼樣子。可是，它萬萬也沒預料到，只過了短短五年，就有人發明了一種叫做『計算機』的東西出來，並且讓計算尺從此消失。所以說，競爭是永遠存在的，而且就在妳的左右。比爾．蓋茲也為了競爭，常睡不好呀。」

「真的？我不太相信，他可說是掌控了全球市場耶。」

「他睡不好是因為他知道，如果他不繼續創新，他的下場就會和卡夫與艾瑟一樣，也許是被購併、也許是被甚麼新的作業系統、甚至是新的電腦工具所打敗。」

「那麼比爾．蓋茲該怎麼辦呢？」

「比爾．蓋茲不應該花時間去想該怎麼挖消費者的錢，這樣做只會加速競爭者的成長。在利潤的鞭策之下，他應該致力於服務消費者。」

「山姆，我不知道，你把商業講得好像是很文明的板球比賽，而球員都是穿白色衣服的男人，講話還帶英國腔。到了比賽結束之後，兩隊人馬會把裁判抬起來，拋上半空，口中不住地唱著『他可是個老好人』，而裁判正是消費者。我看到的卻是另外一種很不一樣的比賽，比較骯髒、粗野，像是橄欖球吧？消費者往往是被丟到泥濘裏去的。」

「好吧，我們就假設妳經歷了一連串怪異、難以想像的恐怖遭遇之後，妳居然要在這骯髒的企業界打滾，做起生意來了。妳會希望自己的員工是無情的呢？還是有愛心的呢？」

羅拉想到做生意這個念頭時，輕輕地笑了起來。

「有沒有住過麗池飯店？」羅拉還沒來得及回答，山姆就問道。

「一次，和我的父母，在亞特蘭大。」

「妳知道他們的格言是甚麼嗎？」

羅拉轉了一下眼珠子。「你得了吧，山姆。我怎麼會知道他們的格言是甚麼？」

「對不起，我在班上常把這個當成例子，所以我忘了不是每個人都會把它掛在嘴邊的。他們的格言是『訂最高價，賺最多錢』。」

「你在開玩笑吧？」

「當然是開玩笑啦。其實，這是他們的祕密格言，他們每次開董事會的時候，就會提出來，看看該怎樣去剝削消費者……又是開玩笑的啦。他們的格言是『淑女與紳士，服務淑女與紳士』。」

「好一句優雅的格言。」

「就是服務至上，一點都不能馬虎的意思。我錢包裏剛好有另外一個例子。」

「錢包？」

「我是個怪人，妳沒注意到嗎？」山姆從錢包裏拿出一張疊成小方格的紙條，然後把它打開：「事實上，因為我這個禮拜上課要用到，所以先放在這裏。妳知道默克藥廠（Merck）吧？它是世界最大的藥廠之一。這紙條上寫的是他們從前一位高級主管說的話：『我們要謹記，製藥是為了病人；我們也不要忘記，製藥是為了人們，而不是為了利潤。利潤會隨之而來的。如果我們能記住上面所說的，我們不怕利潤不來。我們愈能牢記它，利潤就會來得愈多。』很奇怪吧？如果妳太在乎利潤的話，妳就愈成不了氣候。成功的企業，比方說沃爾瑪百貨（Wal-Mart）、西南航空、聯邦快遞、默克藥廠，會先考慮到產品的品質、周到的服務，以及低廉的價格，這是他們的致勝之道。而且他們也會逼競爭對手去提升自己，表現得和他們一樣好。」

「你想告訴我，這些公司的總裁都沒興趣賺錢嗎？」

「不，他們和我們一樣，都很愛賺錢。可是貪婪不是成功之道。妳覺得誰比較會服務消費者呢？一隻假裝很關心別人的自私豬，還是一個誠懇待人的好人？」

「荒謬，山姆，老好人通常爬不上商界的頂端的。」

「我不是說現在的企業高層都是世界上最溫和、最體貼的人，可是那些人渣也同樣爬不上去呀。妳記得妳問過我《風雲人物》海報的事嗎？」

「記得呀，那天我們一起坐地鐵。」

「我很喜歡那部電影是因為，它嘲諷了兩種恰好相反的商業觀點。詹姆斯・史都華飾演的喬治・貝利，從來不做任何傷害消費者的事，而萊納・巴利莫（Lionel Barrymore）飾演的波特先生，則千方百計要收回一棟大樓，並且很高興把所有的住戶都趕走了。在電影裏，喬治無疑是大英雄，可是實際上，他也許是一個很爛的商人。」

「啊？他人太好了？」

「不，因為他不了解做生意要有利潤，有利潤人才活得下去。沒有利潤，妳會破產，也沒有辦法服務妳的客人或者是員工。至於波特，他也是一個很爛的商人，他既陰險又自私，自然會嚇跑客人和員工。在現實的世界裏，妳要有波特的企圖心，也要有喬治的好心腸。對了，我每次看這部電影的時候都會哭喔。」

「唔……我還以為那些跑去唸經濟的人，都得先去動手術把淚腺割了，才能順利拿到學位呢。我很懷疑好心腸能對董事會，還是市場起得了甚麼作用。」

「有用的，有用的。也許企業界比任何領域更重視由衷之言、言而有信、竭誠服務這三大原則。我們去看看暢銷書就知道，其中沒有一本書談到要怎麼去操縱消費者、或者是剝削員工。它們探討個人尊嚴、領導能力、激勵士氣等等。有很多書還把宗教原則引用到職場上去呢。」

「我覺得難以致信，可是，我得要坦白說……還好你是坐著的……可不要從椅子上掉下來啊……我平常不太看商業書的。」

「我知道，大多數的英文老師都沒這習慣。也許這表示妳的商業觀點是從狄更斯的小說、好萊塢電影或者是電視影集裏學來的。所以說，當妳想到商業，妳就想到從烟囪裏冒出來，還會污染空氣的黑烟。妳看到的是可惡的奸商，身邊堆滿了一袋袋的錢，一邊嘴角露出陰險的笑容，一邊搓著雙手，猛動歪腦筋，看看有甚麼新奇又刺激的鬼點子，好去騙騙客人的錢。在我們熟悉的次文化裏，商界往往被描繪得很稀奇古怪，因為這麼做會賣錢。人們喜歡感覺自己是受害者，如此一來，他們就可以去恨那些壓迫自己的人。可是，在商場上，怪人是不會成功的。愈體貼的競爭者愈能提供好的服務，以及低廉的價格，也因此愈能掌握成功的契機。在市場的最核心，藏著一顆『看不見的心』，企圖以最溫柔的態度，善待消費者，而且還樂在其中。我再幫妳買個喝的吧？」

「好呀，這次要低咖啡因……如果市場上有賣的話。謝謝你。」

「是的，小姐，」山姆站起來，恭敬地點點頭，假扮起服務生：「資本主義隨時候教。」

當山姆去點飲料的時候，羅拉在想，他到底算不算是典型的經濟學家。在她的腦海裏，經濟學家應該是對錢最有興趣，可是在山姆的世界裏，錢好像只是他生活的點綴，而不是重心。

「小心，燙。」山姆把咖啡放在桌上時，還提醒羅拉。

「太好了，咖啡要燙才對。」

山姆想到官司與熱咖啡之間的關係，可是他終究沒有說出來，反而是望向窗外的街道。這是他一天中最喜愛的時刻，日漸西沉，夜即將至。街燈才剛亮起，路人趕著下班回家。山姆雙手捧著咖啡杯，對著羅拉微笑。他看到羅拉眼神中的慍怒已經褪去了。

「所以說，貪婪這種心態，可能是說得有點誇張了，」羅拉說：「那麼你又為甚麼在上課的時候，玩起送錢的遊戲呢？」

「有些學生誤以為這遊戲的目的是要告訴他們，貪心是件好事。可是我的目的絕對不是這樣。我只是想說明自利的力量有多大。如果妳知道，每天都會有人在外頭撒錢，妳一定會花時間去搞清楚，他到底會在哪裏撒錢，該怎麼去那個地方；妳也會花時間去練習跳高，或者是做些道具來讓自己站得更高。自利並沒有所謂是好是壞，它只是生命其中一個真實面罷了。我們努力不懈，也試著去超越別人，這也是人性最基本的動力而已，市場只不過是把我們這種天性調整了一下，把動力發揮在服務人群上。」山姆不說話了，盯著天花板，若有所思，他又突然問道：「妳早餐都吃甚麼呢？」

「通常是烤貝果。」羅拉回答，一面覺得山姆把話題轉得有點莫名其妙。她也想抬頭看看天花板，到底他在上面看到些甚麼，讓他想到早餐。

「那妳都在哪裏買貝果呢？」

「我家轉角就有個小店有賣啊。」

「那妳家裏還有貝果嗎？」山姆不理會她，繼續問。

「事實上，我剛好吃光了，也許回家路過會買，或者是明天早上吧。」

「妳覺得妳該打電話給他們，告訴他們說妳會去買貝果嗎？」

「為甚麼要打電話？」羅拉被他問得一頭霧水。

「如果他們不知道妳要去，也許他們不會做那麼多吧？」儘管山姆問得有點胡鬧，他倒是很滿意地靠在椅子上。

「山姆，你到底在說甚麼呀？他們會做很多貝果呀。」

「有沒有想過他們為甚麼有這麼多貝果呢？」山姆問。他把身體往前傾，興致勃勃地問：「妳睡覺前有沒有擔心過，這城市明天所有的貝果都會賣光呢？從來沒有，對不對？可是為甚麼沒有擔心過呢？有些早上，妳只買一個，有時則買一打。有時候妳沒買，有時候妳卻買了三打，因為前天妳丟了一堆。這個城市真是了不起呀，明天一天亮，我們就買得到很多貝果。妳和很多貝果狂熱分子根本不必預訂，只要妳們去一趟麵包店，就可以買得到了。棒吧？」

山姆講一個貝果，也講得眉飛色舞，羅拉不禁被他逗得咯咯地笑。

「其實，貝果師傅也得要依賴上千個人，才能把貝果做好賣給妳，而這些人卻是我們看不見的，比方說農夫、麵粉業者、卡車司機、還有其他一大堆人。在製造貝果的過程當中，沒有人擔任聯繫的工作；在華盛頓，我們也沒有所謂的『貝果管理委員會』要他們拚命工作。麵包師傅不必他人督促，自然就會在半夜三點半起床工作，讓我們一大早就可以吃到新鮮出爐的麵包。除非是緊急事故，我們絕不可能半夜三更把朋友叫醒，請他們幫忙，對吧？可是為了妳的早餐，有個陌生人卻自願半夜起床，當然，不是因為愛妳，而是出於自利。任何行業都要先讓消費者滿意，生意才能做下去。」

「我情願相信，商人是有別的目的，而不是為了自利的原因，才去做生意。」

「自利動機絕對不能和『冷血動物』、甚至是『自私』劃上等號。說不定半夜起床的麵包師傅也有他自己偉大的抱負呀。也許他是為了行善，才想賺很多很多錢；也許是因為孩子生病了，需要籌錢開刀，或者是想買棟漂亮的房子，讓家人住得更舒服。他也許是個充滿愛心的人，甘願為許多人、許多事而努力奮鬥。不過，市場最具威力的地方在於，妳的麵包師傅根本不必愛妳，才來侍候妳。競爭往往是摻雜了個人利益，然後才想到要去服務消費者的。這個體系運作得那麼好、那麼的……沒有瑕疵，我們甚至從來沒有注意到這個細節呢。」

「從現在起，我會開始注意了。市場的學問真不簡單。可是，我不覺得它是沒有瑕疵的。我們在市面上還是會看到瑕疵品、危險物品，也有靠不實廣告才賣得出去的商品。我承認世界上會有你說的一流總裁，可是那些缺乏商業道德的總裁，也不見得一定會失敗呀，而且還名利雙收呢。我並不是排斥這樣的市場，只是希望讓它變得更好。」

「我認為它已經是很完美了。」

「完美？你在開玩笑嗎？」

「並沒有。一個完美的體系，也有可能產生很不完美的結果，所以，我情願忍受程度上的不完美。當妳要執行複雜的體系，也許會把事情弄得更糟。所以說，太多的法規反而會傷害我們原來想幫助的人。就好像說，我覺得雨林裏長出來的黃色花朵還不夠多，我可以進行人工培植，但是長出來的花卻未必能如我所願，每一朵都是又鮮豔、又美麗，還有就是會產生一些肉眼看不見的副作用。由於妳想要多一點黃花，也許會導致某些蜥蜴、青蛙或蝴蝶賴以為生的紅花少了很多。我情願靠著競爭，來約束現在市場上的不完美。」

「我還是對法規比較有信心，可以用政府法令來改善這個市場呀。」

「也許吧，可是，我還是很懷疑。你看網際網路的發展，很了不起，對不對？可是，問題也跟著來了，小孩子會看到一些不該看的圖片，用信用卡交易也不保險。現在，大企業家都急著要解決這些問題，而他們並不是只想出一種方法，而是多種方法，任由消費者選擇。這些方法也不見得是完美的，有些孩子還是可以看到兒童不宜的東西，而信用卡的資料也仍然能被盜用。可是，如果政府站出來說，我現在要把它變得更好，妳猜網際網路今天會變得怎樣呢？別管它吧，它就會發展得很好。」

羅拉沉思了一陣子。

「你喜歡熱帶雨林，」她說：「我喜歡英式花園。你喜歡野生植物，我卻喜歡把植物稍微修整。如果你想要有一個花園，我想你就該請一個園丁，或者是一組園丁來幫你忙。」

「如果妳可以告訴我，要怎樣才可以把人類變得無所不知，而且不會作奸犯科，我倒是很樂意採納妳的意見。」

「對了，」羅拉身體往前傾，微笑著說：「我還差點忘了這事。如果你說競爭可以那麼樣的保護消費者，為甚麼女人洗衣服的費用要比男人高呢？」

「也許洗女裝的成本比洗男人的襯衫高，高單價正反映了這個成本，不過，這也只是猜測。」

「怎麼會呢？這些衣服不也是拿到同樣的地方，用同樣的機器、洗潔精來洗嗎？」

「也許洗女裝比較耗時，妳知道嘛，東一片、西一片的。」

「你是說款式嗎，亞曼尼先生？」

「妳說是就是了，衣服我可是外行。可是，如果洗女裝要多花一點時間的話，乾洗業者的收費就得高一點，否則就不能回本啦。不管是甚麼原因都好，如果妳開一家洗衣店，然後洗女裝的收費和男裝一樣的話，我猜妳一定會虧本。如果妳調高男裝的價格，妳一定會輸給收費便宜的競爭對手，如果妳調低女裝的價格，妳就會虧本。」

「我不相信。」羅拉說。

「好呀，我們去找答案，好嗎？」

羅拉被山姆說得一頭霧水，她把自己高單價的乾洗衣物收一收，就跟著山姆走出咖啡吧。入夜了，溫度也明顯降低了幾度，羅拉除了不知道他們的目的地之外，也後悔沒穿一件厚一點的外套，她不期然的打了一個冷顫。山姆把夾克脫下，搭在她的肩膀上。

「謝謝你啊，你還可以嗎？」

「沒問題，」山姆說：「那裏沒有多遠。」

他們往回走，過了馬路之後，又走過了一個路口，原來他們又回到首都乾洗店的門口。

「現在呢？」羅拉問道。

「我們到了，要揭曉了！」山姆推門，掛在門把上的門鈴響了起來：「魏太太——」

早在山姆進來之前，魏太太就一直站在櫃台後面，驕傲地守衛著她的堡壘。她把一頭斑白的頭髮，整齊地盤了一個髮髻，臉上戴了一副厚厚的眼鏡。

「高登先生，你好呀，」她用一貫對待顧客的熱絡，微笑著說：「還有羅拉小姐啊。」她的語氣彷彿在說，甚麼風把你們吹來了呢？

「妳洗女裝的收費和男裝不一樣啊，」山姆問道：「請問是為甚麼呢？」

魏太太鬆了一口氣，她還以為羅拉對乾洗的品質不滿意。

「因為女人的襯衫比男人的小，」魏太太說：「用一般男用機器來處理，是不太適合，所以必須用人工處理。這麼做花的時間就比較多，因此我們要算貴一點。洗小朋友的衣服也是一樣，收費會高一點。怎麼了？」

「我打算在這對面也開一家店，」山姆回答，俏皮地對著魏太太眨眼睛：「和妳拼一拼價錢，現在得回去出些怪招了。謝了，魏太太。」

山姆和羅拉步出乾洗店，他好想擺出勝利者的姿態，但終究還是忍了下來。

羅拉終於開口了：「好吧，是你對，我錯了。真是難以置信耶，乾洗店老闆居然會剝削女人和孩子，來維持收支平衡。」

「可別那麼早就認錯呀，」山姆說：「也許他們超收小孩子衣服的錢，是因為要掩飾這種具有性別色彩的定價策略；也許洗女裝的成本的確比較高，可是也不會高到那種地步。妳還可以這麼想，其實那些專門製造乾洗機器的業者已經串通好，拒絕去設計並且生產處理小號襯衫的機器。為甚麼呢？可能是因為女性襯衫的量還不夠，沒甚麼賺頭。不要太介意呀，羅拉，魏太太知道我很多不可告人的祕密呀。我把吃的濺到衣服上、我買了一支會漏墨的便宜原子筆、還有很多很多變態的生活小細節，她都一清二楚。現在，她又知道原來我和她的一位客人是朋友，這可是個大八卦呢。她說的不見得就是定價的真正原因，就好像我們經濟學所說的，她只是『單一資訊來源』而已。我們找一天帶學生出來市調，認真去蒐集蒐集情報，而且是第一手的，妳看怎麼樣？」

「這點子還挺有趣的，」羅拉看到山姆沒有自誇，反而站在自己這一邊，覺得既高興又意外：「沒錯，經濟學是日常生活的一部分，但是如果要我帶英文課的學生出來做乾洗業者的市調，似乎有點說不過去吧？」

「狄更斯的書裏，不也說過飽受壓迫的低下階層、還是苦力的故事嗎？」

「這是兩碼子事，你扯太遠了。」

「也許吧。喂，有約人吃晚餐嗎？」

羅拉看一下手錶，搖搖頭說：「不了，下次吧，有太多事要做了。謝謝你的夾克。」她把夾克還給山姆。

儘管天氣有點冷颼颼的，山姆決定不坐地鐵，散步回家。他必須先走過康乃迪克，才能回到位於杜邦商圈附近的家。今天和羅拉談得還挺愉快的，可是他一直在擔心，羅拉是真的因為太忙，才回絕不和他吃飯嗎？找個機會和她談點別的好了，他心想。可是，如果不談經濟學，還能談些甚麼呢？

8 金手指

在健康網，少數幾個能夠見到查爾斯的幹部，給他辦公室裏的三個女人取了不少綽號。有些叫她們「霹靂嬌娃」，有些則說是「三朵花」。不過，他們都叫坐在櫃台後面，負責接待的總機小姐「刻耳柏洛斯」（Cerberus）。其實，這個名字是有典故的，它源自希臘神話，其中有一條狗長了三個頭，還有一條蛇的尾巴，長年看守冥府的大門。

「刻耳柏洛斯」這個職位流動率很高，而且工作量不定。事實上，她要負責的事，既簡單也十分重要。首先，她要接聽所有辦公室的電話，如果有人要找查爾斯，她就要告訴對方，總裁正在開會，會盡快回電。再來，她要煮咖啡，偶爾也要到她位子隔壁，一個用玻璃隔間的庶務室去影印文件。最重要的是，她是一件飾品，讓前來和查爾斯會面的來賓，在等候之際，也可以好好欣賞。至於其他兩位女士，則是非常能幹的行政特助。她們已經跟了查爾斯好幾年了。

最近一任「刻耳柏洛斯」叫做希瑟。她來自聖地牙哥，曾經在國會山莊替一位加州的國會議員做事，不過也只是低階職員而已。就如同過去幾任一樣，她既年輕，身材又高挑，而且是金髮美女。今天，她坐在查爾斯辦公室門外的櫃台，回想著昨晚在電視上看到的俄亥俄州女人，尤其是她身旁的三個小孩。他們看起來都那麼的天真無邪，絲毫不對未來感到焦慮。她很氣自己居然會替這種害人的公司工作。有沒有甚麼反擊的機會呢？也許吧。也許就在這個辦公室裏，在她辭職之前，還可以做些甚麼。

內線電話響起，打斷了她的白日夢。

「總裁，請問有甚麼事嗎？」

「希瑟，把金手指拿來。」

查爾斯所說的金手指，就是手提碎紙機。這碎紙機本來是放在影印機旁邊，希瑟常利用它來幫老闆處理文件。偶爾查爾斯會叫她把機器拿進辦公室，好自己親自動手。希瑟一直在懷疑，查爾斯為甚麼不把事情都交給她辦，總不可能說，他喜歡玩碎紙的遊戲吧？他一定是隱藏了甚麼祕密。

希瑟把碎紙機拿到他的辦公室，就看到他桌上高高的一疊白紙，堆得好像一座小島。希瑟斜睨牆上的時鐘，快十一點了，她的心跳加速，機會來了。

「妳今天看起來真漂亮呀。」查爾斯對著希瑟微笑，還趁她把機器放在椅子旁邊時，順勢摸了她手臂一把。

希瑟躲過他進一步的「襲擊」，走回自己的位子。她盯著時鐘，快了快了，查爾斯每天準時十一點，都會從辦公室一個私人通道，走到日式花園那邊抽菸。這是他生命中難得的讓步，不是怕訪客會吸他的二手菸，而是覺得身為健康食品大企業的總裁，卻無法自律戒菸，實在是引人詬病。

沒錯，就在十一點正，希瑟就聽到查爾斯走出庭園的腳步聲。在他的辦公室隔壁，還有另一個辦公室是供瑪姬使用，她是查爾斯其中一位特助，從她那裏看出窗外，剛好是對著庭園。希瑟打了個內線給她：「瑪姬，是我希瑟。」

「幹嘛？」

「老闆抽菸去了，我……」

「看到了。怎樣？」

「我想用影印機……妳是知道的，他最討厭我們亂用公司的東西，常進來突擊檢查，喂，萬一妳看到他回辦公室，可不可以打個內線告訴我？」

「當然可以囉。」

「欠妳一頓飯。」希瑟深呼吸了一下。沒有人來電，也沒有預約訪客，她匆匆地站起來，跑進查爾斯的房間，裏面通往庭園的門仍然是開的。

希瑟從來沒想過，她會有那麼一天，感激起尼古丁這東西。她看到桌上還有一大疊文件沒被銷毀，心裏覺得高興。接著，她一手就抓起一疊大概有兩三吋厚的文件，卻有點猶豫不決。該整疊拿去影印，還是先看哪些東西是比較重要呢？她的時間不多了，查爾斯不會待在庭園太久的，為了要表示自己有良好的自制能力，他從來不抽超過半根香菸。

怎麼辦呢？希瑟感覺自己腋下正在冒汗。管它的，她心想，統統印了再說，只求你別卡紙就好。於是，她把整疊文件都放進送紙匣裏，焦急地看著影印機把複印的文件，機械式地一張一張吐出來。終於完成了，希瑟卻覺得自己等了一輩子那麼久。她把複印的文件塞進桌子底下的大包包裏，拿著原稿就衝進查爾斯的辦公室。

一進到辦公室，希瑟就聽到內線電話響起，是瑪姬！快好了，快好了。

她趕忙把文件整理疊好，前腳才把辦公室的門關起來，查爾斯後腳就把通道的門關上。當他打內線叫希瑟把碎紙機拿走時，並沒有甚麼異樣。

當天晚上，希瑟在家裏欣賞著自己勇氣的成果。只可惜，她看到的是一長串數字，以及一些陌生的名詞。她心裏不禁懷疑，自己冒那麼大的險才拿到這些資料，卻不知道是不是白忙一場，甚至值不值得。也許會有人想到這些數字的意義吧？不然查爾斯為甚麼急著要把它們銷毀呢？一定是有原因的，她心想，而且她也盡力了。

她按了電話：1-800-CALL-OCR。

「這裏是企業責任辦公室熱線電話，請在『嘟』聲後留言，記得要清楚說出您要投訴的公司或組織的名稱，申訴的事件也要說得愈詳盡愈好。如要郵寄任何印刷品或包裹，請寄至華盛頓首府郵箱 5273 號，郵遞區號 20583。謝謝您的合作。」

希瑟抄下地址，並且拿出一張小紙條，簡短地寫了幾個字，連同早上複印的文件，一起放進一個牛皮紙袋裏。第二天一大早，她就到家附近的郵局，把包裹寄去企業責任辦公室。

☆

兩天後，艾莉卡坐在自己的位子上，打開了希瑟寄去的包裹。那張小紙條上面寫著：「有人想要把這些文件銷毀。」第二行則寫著：「健康網的某位朋友。」

艾莉卡瞪著那一長串數字，納悶著這些數字是甚麼意思呢？紙條上明白表示，它們並不單純。她心想，這份資料肯定有助於釐清健康網的案情，說不定就是常掛在嘴邊的「那樣少了的東西」，能一舉揭發奸商的真面目。這讓她聯想到了保羅·賽門一首關於數字的老歌，它並不是甚麼排行榜金曲，卻一直是她喜愛的歌曲之一。

我愛妳好久好久，
妳算不清有多少年。
有朝一日、有朝一日，
妳自然就會看見，
那神祕而認真的數字。

艾莉卡口中一邊哼著曲調，一邊整理桌上的雜物，騰出中間的位子來放文件。她瞪著排列得井然有序的數字，祈求靈感快點到來。

9 優里西斯

時間過得很快，轉眼之間，已到了三月初。羅拉在愛德華高中教書，每天都過得非常忙碌。好不容易又熬到了週五的午餐時刻，再過一個下午，就可以好好的休息兩天了。她趁著午休，走到行政部去找校長的祕書露薏絲，希望可以拿到上個月的薪水支票。

「抱歉，馬上回來。」露薏絲桌上豎了這樣一個牌子，顯然羅拉是白跑一趟了。當她打算離開的時候，她的眼角掃到祕書桌上放了一個厚厚的檔案夾，上面寫著山姆的名字，接著又看到檔案夾旁邊放了一張便條紙，上面是斗大的粗體字：「董事會決議」和「上訴的機會」。謠傳山姆碰到一些麻煩，看來是真的。羅拉真想把檔案夾打開來瞧瞧，但到底只是想想而已。

羅拉走到教職員餐廳，買了一瓶優酪乳和一個蘋果當午餐。「上訴的機會」聽起來不是件好事呀，山姆可能真的要被辭退了。羅拉作夢也沒想到，自己居然會因為他的遭遇而感到困擾。沒錯，他是個怪人，而他的人生觀也跟自己完全相反，可能也因為如此吧，她對彼此的交談留下了深刻的印象。最特別的是，他看起來是個好人呀，怎麼會被學校辭退呢？他能做出甚麼錯事呢？一個「上訴的機會」能替他保住工作嗎？

三月難得的好天氣，羅拉決定在學校的中庭吃午餐。那裏利用矮樹和花兒造景，還有一個紅磚砌成的圓形天井，是學生和教職員午膳以及聚會的場所。天井的四周放置了一些長椅，羅拉意外地看到山姆安靜地坐在長椅上，一邊看書，一邊吃著燕麥棒。

「喂，我能坐在這裏嗎？」

「請坐，請坐。」山姆腦筋急速打轉，希望能找些經濟學或者是公共行政以外的話題來聊，結果心裏愈急，腦袋反而愈是空白。

「妳下一節要上甚麼課呀？」他希望藉此打開話匣子。

「英詩選讀，唸的大部分是十九世紀英國詩人的詩。」

這我不在行，山姆心想，可是他還是繼續問下去。

「今天要教甚麼呢？」他問道。

「〈優里西斯〉（Ulysses），是丁尼生（Tennyson）的作品。有唸過嗎？」

「不能說有啦，一定很不錯吧？」

「不，糟透了……當然是首好詩囉，否則也不會叫學生唸。可是它不只是一首好詩，而且是……傑作。」

「喂，朗誦一段來聽聽嘛。」

其實，羅拉不太好意思在公共場所朗誦詩。她環顧四周，一群學生在遠處的角落彈吉他唱歌，幾位職員呆坐在長椅上，似乎沒甚麼人在注意他們，也不會有人偷聽吧？好吧，羅拉心想。山姆現在可能碰到了些問題，說不定丁尼生的〈優里西斯〉會給他一點鼓勵。

「我朗誦這首詩的最後一段吧，寫得很棒啊！如果你喜歡的話，你可以把這首詩找出來，整個讀一遍。」

「好極了，開始吧。」

「等一下，我要先說明這詩的背景。你知道優里西斯吧？就是希臘神話裏頭的奧德賽。打了十年的特洛伊戰爭，之後又繼續流浪了十年才回家。你知道的，近鄉情怯，他害怕人事的變遷，也不知道潘妮洛有沒有等他。」

「他太太？」

「對了。」

「然後呢？」

「不用擔心，追她的人有一長串呢。你可以想像，她是優里西斯的妻子，而丈夫又離家幾十年，自然吸引到不少愛慕者。當有人要追求她的時候，她就打毛線，並且答應追求者說，一旦她把毛衣打好了之後，她就會給那個人一個答案。每天晚上，她都會把打好的部分拆了，如此一來，她就可以拖延時間了。」

「這女人真了不起。」山姆說。

「沒錯。好不容易優里西斯終於回家了，不過他還假扮成乞丐。那些追求者就在他家門外紮營，等待潘妮洛點頭。優里西斯想了個辦法打發那些人走，最後計謀也得逞了。他和潘妮洛重逢了，互相擁抱，然後……」

「團圓大結局。」

「還沒。丁尼生不只是想寫這個，他可沒這麼簡單呢。他寫的是大結局之後的最後幾年。優里西斯已經老了，而重逢的激情也早已過去了。他每天當國王無所事事，就胡思亂想，到底我這一輩子有甚麼成就？他曾經是那麼偉大的勇士和水手，現在卻要面對黯淡的未來——疾病、死亡。丁尼生的詩，現在才開始。」

「聽起來還蠻沮喪的啊。」

「詩的調調不都是蠻憂鬱的嗎？可是丁尼生寫到最後，卻有一個很不一樣的結局。這首詩是用第一人稱來寫的，優里西斯一直在說話。他還有一個最後的野心，就是召集從前的海員，再出海一次，發揮自己的勇氣和不屈不撓的精神。也因為他們年事已高，這趟旅程也顯得更偉大。」

「聽起來就像是過氣的運動明星，東山再起的故事嘛。世界杯代打，反而擊出一記全壘打。」

「形容得不錯啊，我可以在班上講。」

「可是年紀大了，通常體力會不濟，打成界外球。」

「沒錯。不要忘了，這只是老人家想像中的未來。丁尼生的意思是……最少是我的詮釋……當你的球技已大不如前，而大家都還在推崇你，你輸了並不是甚麼大不了的事，最重要的是，你還有滿腔熱血，鼓起勇氣踏進運動場。」

「唔……還真不錯，我喜歡。」其實，山姆真正喜歡的是，能夠在三月暖和的日子裏，和羅拉坐在戶外，一起討論薪水或是價格以外的事情。

「噢，還有一件事，」羅拉繼續說：「優里西斯說是要去快樂島（Happy Island），也就是希臘神話裏的天堂，相對於冥府或地獄的地方。壞人死後都得下地獄，而好人要上天堂。」

「快樂島裏有那隻三頭狗嗎？還是只有地獄有？」

「你說刻耳柏洛斯嗎？你怎麼知道刻耳柏洛斯的？」羅拉問道。

「這名字很好笑啊。我不知道怎麼會知道的，也許是我爸在我小的時候說過希臘神話吧。不過我只是很好奇三個頭的狗會不會常爭著吃骨頭。不管了，繼續說吧。」

羅拉停頓了一下，環顧四周，再次確定沒甚麼人在注意他們。接著，她吸了一口氣，才敢開始朗誦：

死亡了結一切；可是，在臨終之前，
總該有些崇高的理想，還沒完成吧？
人與諸神爭鬥，並非無禮。
暗礁之間，一道光隱約閃爍。
長日將盡、滿月緩升；

浪濤拍岸，
在耳際低吟。

「丁尼生描述優里西斯還有一個未了的心願，接下來他就要說服老朋友一起去探險。」

朋友們，來吧。
尋找新世界永不嫌晚。出發吧，
各就各位，航向海的深處。我要去
日落的盡頭，西方眾星的聚居地。走吧，
直到我死的那一天。
也許巨浪會把我們吞噬，
說不定我們會踏上快樂島，
見到久仰大名、
偉大的阿契里斯（Achilles，譯注：荷馬《伊里亞德》史詩中的希臘英雄）一面。

山姆注意到羅拉已經把眼睛閉上，陶醉在詩的意境之中。她口中所背誦的詩句，猶如一波波海浪，拍打著他的心靈深處。此時此刻，他捨不得把眼神從羅拉的臉上移開，努力品嘗她渾然忘我的純真神情。

儘管等待、忍耐了許久，儘管
體力已大不如前，也無法再扭轉
天與地，
卻依舊躊躇滿志。
身軀早被歲月和命運摧殘，
但絕不低頭，
冒險、犯難、往前衝，
絕不放棄。

羅拉的聲音，迴盪在空氣之中，就像是交響樂繞樑三日，只見聽眾沉醉其中，久久忘了鼓掌。山姆好想告訴羅拉，她的詩觸動了他的心，但他也怕這麼一說，就馬上破壞當時的氣氛。其實，羅拉也感受到了這股暖流，不過她一時之間反而覺得不自在。她不曉得自己為甚麼要用一百年前的話，來迷惑一個只懂經濟的怪胎？

「抑揚五步格。」她終於打破了沉默。

「妳是說？」山姆問道。

「是原詩的押韻方法，這樣它會更有力量。」

「我可不可以再聽聽最後兩句？」

羅拉猶豫了一下，還是再朗誦了一次最後兩句。

「真是很了不起的生命信條。」山姆對它稱讚不已。

「的確，」羅拉想到要怎麼把彼此的距離再拉開一點，她說：「這句話只是比『淑女與紳士，服務淑女與紳士』優雅一點而已。」

「妳還記得啊？」

「是呀，我都有在觀察。可是記性好不代表認輸啊，我還是堅持，奸商敲詐了消費者之後，必須付出代價。」

可是他們有付出代價呀，山姆心想。至少憤怒的消費者不會再上門，而他們的朋友也不會去光顧那些黑店。山姆沒有立刻反駁她，因為他覺得聊聊詩還挺愉快的，也不想一下子又破壞融洽的氣氛。

「天呀，現在幾點了？」山姆誇張地看了一下手錶：「妳都還沒吃飯呢！我也得走了，和我們的老好人哈爾金校長約了開會。我們再找個機會來談談企業責任吧。」

羅拉聽山姆提起哈爾金，馬上就想到在校長辦公室看到的檔案夾，上面還寫著山姆的名字。也許他最近過得不太如意吧，羅拉不期然地產生同情。

「對了，山姆，明天晚上你有事嗎？我知道是有點趕，可是我爸媽明天會在喬治城的家開一個派對，你有興趣來玩玩嗎？」

山姆喜出望外。

「好呀，要穿西裝打領帶嗎？」

穿那種給瘋子穿的緊身衣吧，羅拉心想，如果你要和我的家人談政治的話……不管了，話都已經說出口了，收也收不回來。

「隨便你了。我寫張紙條，教你怎麼去，然後放在你的信箱裏，好嗎？」

羅拉想，這樣的安排是絕對妥當的，會出些甚麼事呢？頂多他會和他們辯論一下，企業的責任和政府干預的問題而已，該不會很糟糕吧？

10 骯髒的勾當

在一家汽車旅館裏，喬治從床上爬起來，揉揉眼睛，走到房間一角生銹的洗臉盆邊，打開水龍頭，期待著一丁點兒的熱水。他受夠了墨西哥、受夠了四處的髒亂、受夠了自己的工作、受夠了思念俄亥俄州的妻兒之苦。他待在墨西哥已經快四個月了，頭兩個月監督新工廠的建築工程，接下來的兩個月，則是確保一切運作順利。再過一個禮拜，他就要把新工廠交接給正式聘任的經理。

喬治一把抓起昨天穿過的衣服，套在身上，走去停車場發動大卡車。馬達響了一聲，馬上又熄火了，它似乎和喬治一樣，不太想面對嶄新的一天，可是喬治還是好話說盡，鼓勵它開工，駛往城外的停機坪。

沿途他經過一片蓋滿了鐵皮屋的荒地，有幾個赤裸上身的小孩、兩隻雞和一頭羊在那裏閒逛著。孩子們看到車子經過，馬上跑到馬路邊，向司機瘋狂揮手，喬治也笑著向他們揮手。

有兩位貴賓將遠道從維吉尼亞總部來這裏採訪，喬治正要去接機。這裏沒有機場，只有一條跑道，開放給私人飛機起降。喬治把卡車停在跑道的圍籬邊，靜靜等候。他的腦袋一片空白，只希望這趟公差能早點結束，拿了錢就回家。他定睛瞪著遠方，滿腦子都是故鄉妻兒的點點滴滴。好不容易在回憶裏打轉了半個小時，一架小飛機降落了。它剛好停在卡車正對面，機門打開，兩個人走下來。

走在前面的是穿西裝的年輕男子，他比喬治想像中年輕得多，絕不超過三十五歲。跟在他後面的是一位更年輕的女子，頂多三十歲而已。她穿得很休閒，白色T恤，牛仔褲，外加一件攝影師最愛穿的多口袋背心。喬治向他們揮手，兩人注意到了，朝他的方向走來。

「我是喬治．蘇沙蘭，遷廠計畫代廠長。歡迎你們來到墨西哥。」

年輕男子遲疑了一下，喬治微微一笑，心想，這傢伙一定沒想到接機的人會穿得那麼邋遢吧。

「你好，」年輕男子終於伸出右手，微笑地說：「我是羅勃．布蘭肯錫，健康網的公關總監。她是愛麗，攝影師。」

愛麗？姓甚麼呢？他真沒禮貌，喬治心裏嘀咕。同時，他也懷疑羅勃是第一次來墨西哥。撇開高級西裝不談，他手上拿的真皮公事包，可是當地人要幹一個月的活，才能賺得到的。

羅勃穿得那麼「一表人才」，要他爬上灰塵滿布的卡車，也難怪他會不悅。至於愛麗，她則對第一次來訪的國度，充滿了好奇心，全神貫注在窗外的景色。她的脖子上掛了一個尼康（Nikon）單眼相機，肩上背了所有的攝影器材。兩人坐上卡車之後，都把自己的旅行袋放在大腿上，尤其是羅勃，他可不想把自己三百美元的包包，丟到後面貨櫃裏，而愛麗也要保管好自己的生財工具。

「委屈你們坐卡車了，」喬治說：「這是我能找到最乾淨的了。」

「工廠進度還好吧？」羅勃問道，他不想花心思在卡車上。

「很好，一切都在掌握之中。照片的效果應該會很不錯。」

「照片是用在年度報告上的，我還要拍一些公關用的，現在那些找碴的都打發掉了，要宣傳一下工廠營運的狀況。」

喬治暗自苦笑了一下。找碴的從決定撤廠的第一天起，就被打發掉了。

「愛麗可是一流的啊，」羅勃繼續說：「區區一個廠房都會被她拍得像一座教堂，你說要像甚麼，她就能拍得像甚麼。我們的工廠在……」

「停車！」愛麗忽然大叫。

喬治馬上緊急煞車，他卻沒看到任何緊急狀況，回頭一看，愛麗像箭一般衝了下車，原來他們來到了喬治接機時路過的鐵皮屋一帶。只見孩子們看到愛麗，馬上蜂擁而上，把她團團圍住。那隻羊也來湊熱鬧，企圖用牠的角開路，擠進人群之中。當他們發現愛麗手上拿著照相機，更興奮了，紛紛裝模作樣地搶鏡頭，好不容易愛麗才讓他們冷靜下來，然後開始拍照。

「唉，藝術家怪癖，」羅勃笑著說：「只有藝術家才看得出窮酸樣兒可取的地方呀！他們是無家可歸嗎？」

「恐怕不是啊，」喬治耐住性子回答：「我們大部分的員工都住在這兒。那邊在晾衣服的女人，是我們一位主任的太太。」

羅勃吃驚得說不出話來，而喬治則不知道該同情誰，是俄亥俄州那群失業的鄉親，還是每天得工作十二個小時，薪水卻少得可憐的墨西哥人呢？

「一般來說，他們每天可以賺八塊錢美金，」喬治說：「主任級大概是十塊美金，所以一年下來，他們可以賺兩千塊左右。如果你家有六個小孩，你還付得起房子的貸款嗎？」

「我知道公司搬來這裏是為了省錢，可是我從沒想過他們是這樣過日子的。」

「你現在看到了。」喬治說。還這麼過完一輩子，他心想。

兩個男人就此不再講話，坐在骯髒的卡車裏，各自想著自己的心事。

幾分鐘之後，愛麗爬回卡車，搖著頭說：「這些孩子真漂亮，一個一個都天真無邪，可是，他們卻又……」她在想該用甚麼形容詞。

「愛麗，我對他們可沒甚麼興趣，」羅勃打斷她的話：「把底片給我。」

「甚麼？」

「他們有一些是健康網員工的家人，把底片給我吧，我不希望它們流傳出去。妳底片給我就是了。」

愛麗肩膀往下一沉，把底片從相機底片匣中拿出來，交給羅勃。他接過底片之後，把膠捲抽出來，讓它曝光。在抵達工廠前的十分鐘，三人都沒再交談。

「就跟馬龍廠一模一樣。」正當喬治把卡車停在工廠外的停車場時，羅勃愉悅地說道。

「外觀是一樣，裏面嘛，簡化了一點。」

「簡化？甚麼意思？」

「這裏又沒有美國職業安全衛生署（OSHA）強制我們加裝安全設備，即使工人的意外受傷率提高，也不必擔心賠償問題。」喬治盡量據實回答，可是他還是對公司的作風難以苟同。

羅勃聽得出他話裏的意思，臉上微微泛紅，卻沒說話。正當他跑去打電話回維吉尼亞總部查留言時，喬治帶領著愛麗走到主要廠房區。只見她像隻小鳥一樣精力充沛，到處走來走去取景按快門。喬治非常羨慕她的藝術素養，卻不知道她到底在替健康網做些甚麼，不過每個人都得向現實低頭吧，他私下揣測。

「有甚麼地方可以幫忙的話，請儘管開口，」喬治說，「剛才的照片──真不好意思。」

「這沒甚麼。羅勃不只是個混蛋，而且是個笨蛋。我給他的底片是從另外一台相機拿出來的，連鏡頭都長得不一樣。原來那捲底片還在我包包裏，拍得還不錯呢，這白癡可是看不到了。」

「啊？能不能幫個忙，加洗一套給我？」喬治停下腳步，拿出錢包：「這是我的名片，上面有我俄亥俄州的地址，妳可以把照片寄給我嗎？對了，我回美國之後，該怎麼聯絡妳？」

「好呀，你喜歡山羊和孩子的照片？」愛麗微笑著說。

「是呀，山羊和孩子，謝啦。」

那一天似乎過得特別慢，愛麗獨自一人走遍了工廠每個角落，而喬治則整天陪著羅勃，向他報告一切與工廠相關的資料，直到他滿意為止。也許是在維吉尼亞習慣了對老闆唯命是從吧，羅勃到了墨西哥之後，處處都在表現自己的權威，以指使他人為樂。喬治非但沒有把這一點放在心上，反倒是有點同情他。不過，他真想早點打發羅勃走。只剩一個禮拜了，趕快把這裏的事做一做，他就可以回美國了。

喬治終於把他的貴賓送回停機坪了，在那裏，機師和飛機早已等候多時。送走他們之後，天色已漸暗，喬治還是回了工廠一趟。坐在自己幽暗的辦公桌前，喬治並沒有開燈。他撥了通電話回家給太太凱西，詳細地把一天的「煎熬」都告訴她。他還特別提到羅勃這個總部派來的年輕主管，氣燄如何高漲。說著說著，太陽已經下山了，窗外的異國景色也模糊了起來。喬治問到孩子的近況。

「他們很好呀。」她回答。

她的聲音有點怪怪的，好像在隱瞞甚麼似的。

「怎麼了？」喬治問道。

「沒甚麼呀，他們很好，真的。」

「得了吧，老婆。發生甚麼事了？我要聽呀，看看可不可以幫得上忙。」

「他們沒事啦，只不過在學校……你知道的嘛，小孩子，風言風語總是有的。」

「他們說甚麼呀？」

「喬治，我真的不知道呀，你知道孩子們是怎麼講話的嘛，他們……」

「他們到底說了些甚麼？」喬治壓抑住自己的脾氣，但還是提高了聲量。

「他們說我們家孩子的爹是走狗，你該知道我們這小鎮是多合群的嘛。」凱西以為喬治會發脾氣，可是他反而心平氣和地說：「妳有沒有看過一部老片叫做《桂河大橋》？」

「有呀。」凱西不知道喬治要說甚麼，還好丈夫沒有生氣，她總算鬆了一口氣。

「不知道為甚麼，我就是記得那部電影，我還是去汽車電影院看的。」

「喂！你是跟誰去的？」

「放心啦，我那時候才十一歲，跟老爸老媽去的，所以我真的有看過那部片呀。」

凱西噗嗤一聲，笑了出來。

「這是我最喜歡的電影之一，」喬治說。夜已徹底籠罩著喬治的辦公室。他坐在黑暗中，幾乎忘記了自己人在墨西哥，和太太相隔千里。「妳記得亞歷克．堅尼斯（Alec Guiness）嗎？」他繼續說：「就是那個英國軍官，他和當時的侵略者日本人合作造橋，他明明知道日本人是他們的敵人，這樣做是不對的，但他也明白，造橋能鼓舞部下的士氣。我決定出差來墨西哥，也很清楚自己日後可能會後悔，可是我還是為了一家子接下這份工作，無非也是為了錢，就這麼簡單。如果我能夠一直忙著工作，也能為自己打氣，而且也不是叫我一輩子待在這兒，唉，也許我只是在騙自己吧，我覺得自己就像亞歷克．堅尼斯，到底還是和敵人合作了，凱西，我覺得自己很骯髒，我……」

「老公，你沒有選擇的餘地呀，我們要繳房貸、又要養小孩。換作是廠裏其他人，也不會回絕這份差事，我們只不過是僥倖而已呀。工廠也不是你把它關掉的，而是健康網。再說，也不是鎮上任何一個人決定要到墨西哥去開工廠的呀。如果他們找別人到那裏去出差，而我們一家大小留在俄亥俄州挨餓，我想你也會生那個人的氣呀！」

「我知道妳說的都沒錯，可是我心裏就是不好受，而且也覺得很對不起妳，連累妳了。現在，我只能禱告，祈求上帝能盡快幫我找到一份固定的工作。」

「阿門。」

「有沒有甚麼信？」

「沒有呀，老公，沒甚麼重要的信。」

喬治寄出了四十封毛遂自薦的求職信，大部分的回函都感謝他的來信，告訴他公司最近沒有適合他的缺，一旦有進一步的消息，將會通知他。

「我知道妳已經告訴過我了，我得要親自去問才行。對不起啊。」喬治換了個話題：「最近馬龍還好吧？」

「糟透了。沒甚麼人找得到工作，我看很快我們鎮上的人就會一貧如洗了。泰德電器上個禮拜宣告破產，現在這種時機誰還買得起新電視？他們還說電器城也快倒了。」

「不會吧？」

「真的。我昨天在雜貨店碰到史太太，她說她先生這個月還賣不到五輛車，他們的日子也不好過。唉，連生意最好的經銷商都這樣，你就可以想像其他商家了吧？馬龍快完了，喬治，真的快完了。」

「我們該受法律保護的，政府卻偏偏不管我們死活。現在我們只能自求多福啦，老婆。不要擔心，我們會熬過去的，我們的小鎮也會熬過去的。」

「我好想你呀，喬治。」

「我也天天在想妳，寶貝。我明天再打電話給妳。」

喬治掛上了電話之後，獨自坐在黑暗中，憂愁著妻兒、家鄉。好一陣子之後，他才起身離開辦公室，把工廠大門鎖上。其實，他還有一件事隱瞞著太太：他還深深依戀著磚塊和混凝土。他有說不出的驕傲，因為他親自監督了新廠房的落成、順利雇用當地員工、並且添購廠內大小器材。對他來說，這是一種從零開始的成就感，也是值得銘記的美麗回憶。另一方面，他也為著這種虛榮心而羞愧不已。再怎麼說，即使他罪惡感多麼重，他很清楚自己已經把任務完滿達成了。

喬治走向停車場時，抬頭看到無數的星星。墨西哥的星空似乎比馬龍明亮得多，漫天的小亮光一直綿延至地平線的盡頭。他看著天上的星河，心想該怎麼做才能再次感到自己是清白正直的？可是星星只會跳舞、眨眼睛，偏偏不說話。遠處傳來陣陣狼嚎，才帶他重回現實。他爬上卡車，駛向漆黑的夜。

11 孤立無援

羅拉的父母住在喬治城的高級住宅區，幽靜的街道上林木扶疏，搭配著各式造型的紅磚別墅，散發出金錢與權勢的氣息。山姆望著羅拉家的華宅，暗想不知今晚將會如何。其實，他對羅拉這次的邀約十分重視，這點單從他的外表就可以看出來。他穿著量身訂做的卡其色西裝外套，深藍色斜紋褲，在刻意中帶著一份瀟脫。他原本想送紅酒給羅拉家作為見面禮，但又擔心他們會對酒要求甚高，因此帶了一束鮮花前往。

當山姆踩著階梯走向別墅大門時，他對這全然陌生的環境，突然感覺非常惶恐。沒錯，他很喜歡羅拉，甚至覺得和她交淺言深，他也聽過羅拉唸丁尼生的詩。可是，他也很清楚，彼此的交情還沒好到連她的父母、或者是今晚的賓客都很熟。他深呼吸了一下，告訴自己不會有事的。去吧，他按下了門鈴。

應門的是羅拉的父親，他作了簡短的自我介紹，把山姆領到起居室的吧台。山姆看到起居室裏已經有不少客人，不禁鬆一口氣。不過，他也馬上知道，那群人絕不可能和自己志同道合。華盛頓的男男女女，在言行舉止、一顰一笑中都不經意流露出某種格調，告訴別人我自信滿滿、我與眾不同、這世界繞著我打轉——即使現在不是如此，早晚世界都是屬於我的。

山姆並不是這種人。這種風格來自權力的運作，以及金錢的影響力。山姆知道要成為這個族群，必須付出高昂的代價。可是，他還是很嫉妒那群年輕男女，可以一手拿著飲料，臉上卻不帶任何表情；反觀自己，佇立在陌生的人群中，五根手指緊抓住那束花，另一隻手則神經質地整理著西裝和長褲。去他們的，他暗罵了一句。也許喝杯酒，再和羅拉的媽媽攀談幾句之後，可以找回一點點自我價值吧。

他四處張望，終於發現羅拉站在樓梯旁邊，正向著自己走過來。她今晚穿著黑色長裙和羊毛外套，山姆馬上想到了法蘭克．辛納屈所唱的歌〈妳今晚的樣子〉（The Way You Look Tonight）。原來她是這樣的美，山姆從來沒注意到。她的清秀和活力，照亮了整間屋子，其他賓客相形之下，都黯然失色。

「山姆，你來了！來，見見我的家人。」當羅拉一手挽著山姆的臂彎時，他緊繃的情緒立刻舒緩了下來。有沒有甚麼方法，可以讓她的手整晚都屬於自己呢？他想著。

接著，羅拉把山姆介紹給自己的母親和哥哥安德魯，也就是消費者的守護神——消費品安全委員會的律師。他同時也是街友們的健康教練，每天都會在公事包裏放罐果汁，以每日最低營養所需代替零錢，施捨給他們。

「原來這就是鼎鼎大名的山姆，久仰久仰。」羅拉的媽媽接過鮮花時說道。山姆從來沒想過羅拉會和她的家人提起自己，在驚喜之餘，也帶著幾分飄飄然。所以，當羅拉遞給他一杯酒時，他欣然接了過來。

不久之後，大夥兒到餐廳享用晚餐。不消說，他們的餐廳也布置得美侖美奐，桌上擺了十二副餐具，水晶、陶瓷、銀器再加上燭台，氣派十足，不愧是律師世家。大部分的賓客都是安德魯的朋友，他們不是在政府機關任職，就是在律師事務所。用餐的氣氛十分愉快，彼此交換華盛頓政壇小道消息，或開開名人的玩笑，起哄戲謔。山姆喝了幾杯酒之後，話匣子也打開了，他很開心看到其他人也很欣賞自己的幽默和理念。

至於羅拉，她則認為今天晚上再美好不過了。從早到晚，她都在擔心，山姆到底能不能和自己的家人、以及哥哥的朋友融洽相處。事實證明，她想太多了，山姆表現得很好。此時，酒精也一樣在她體內發酵，她和身邊的朋友也是天南地北聊個沒完。

當桌上杯盤都收拾好，準備要上甜點的時候，羅拉很慶幸邀請了山姆來聚會，也暗罵自己實在太會窮操心了。她遠遠看著山姆，正在和安德魯的朋友交談，今天晚上真不錯。可惜，她的成就感馬上就被她哥哥的聲音打斷了。當點心盤放到桌上的時候，餐廳裏突然靜了下來。坐在長桌中央的安德魯，故意清了一下喉嚨，瞪著對面的山姆，笑笑地說：

「請教你呀，山姆，」安德魯提高了音量。整桌人都不再說話，等待他開口：「羅拉說你崇拜自由放任式的資本主義，認為政府不應該立法管制一切商業行為。」

山姆知道自己成為眾矢之的了，通常他也不介意比劃一下，可是羅拉就坐在桌子的那一端，使他不自覺地收斂起脾氣。羅拉看到山姆把頭側到一邊，一副猶豫不決的表情。她真希望山姆能隨便說兩句話，打發一下就算了，或者說個笑話——總之，除了實話之外，說甚麼都可以。

「誰會崇拜自由放任式的資本主義呀？」山姆一臉無知地說。羅拉發現自己呼吸正常了，沒錯，山姆是個好人，也是個聰明人，他不會和安德魯槓上的。

「畢竟，」山姆繼續說：「在資本主義底下，人人都在欺壓別人。可是在社會主義之下呢，」山姆頓了一下說：「則是另一種混亂局面。」

有些賓客忍不住笑了出來，轉過臉來看安德魯，看他會有甚麼反應。

「沒那麼嚴重好嗎？山姆，我是認真的。我們不是在談社會主義，而是企業應負的責任呀。你真的認為企業除了利潤以外，就沒有別的責任了嗎？是因為米爾頓·傅利曼（Milton Friedman）這麼說嗎？現在沒幾個人相信那種舊石器時代的思想了。」

那天晚上，當山姆在家回想整件事情時發現，其實他可以在這個節骨眼暗罵一句去他的，就閉嘴不要再說話了，偏偏安德魯把米爾頓·傅利曼和舊石器時代相提並論，使他不得不表態。

「責任是個很好玩的名詞，」山姆說：「這兩個字帶著義務的含意，暗示著債務——好像欠別人甚麼東西的樣子。你所謂的企業責任，實質上指的是哪些責任呢？」

「你也不必賣弄了，」安德魯說：「你明知道我指的是甚麼。就是要好好對待員工、要生產安全的產品、要有環保概念、要關懷鄰居和社區。」

「非常理想，卻是毫無意義的陳腔濫調。負責任的企業從來都不炒員工魷魚嗎？必須提供健康保險嗎？還是日間托兒服務？八個禮拜的休假？高薪？即使公司已賺不了幾個錢，甚至是在虧本，也都要這麼做嗎？」

「你愛辯嘛，就故意舉這些例子，」安德魯說：「也許要明確去定義很難，我這麼說好了，我們不也看過一些公司做出了不負責任的事嗎？比如說，球鞋公司把工廠設在亞洲某些國家，剝削當地工人。」

「這有甚麼不負責任的？」山姆問道。

安德魯生氣地吭了一聲。

「每個小時付他們三十分錢就是負責任嗎？」安德魯接著說。他故意不看山姆，反而環顧在座，希望有人認同他的說法。

「這也是不可行中的可行方法呀。」

「甚麼可行不可行的？」

「這總比每小時賺少於三十分錢好吧？如果說，那個球鞋公司把工廠搬到美國，你就可以心安理得買他們的球鞋了。當然啦，你會讓某位又窮又可憐的工人，假設是在印尼好了，失業了。也許，那個工人最後會找到一份工作，但卻未必能賺到每小時三十分錢啊。」

「你在避重就輕，」安德魯說：「我們也不見得要關掉印尼的工廠呀。至少球鞋公司可以讓他們維持生計。」

「每小時三十分錢就能讓他們維持生計。那些人並不是奴隸，球鞋公司也沒有拿槍指著他們的腦袋，硬要他們幹活。當那些人聽說他們那邊會蓋工廠的時候，你認為他們會說：『不，我不要工廠蓋在這兒！』嗎？錯！他們會在街上又叫又跳，排隊等著被剝削。悲哀的並不是每個小時賺三十分錢，而是三十分錢就是他們能賺到最好的薪水。他們僅僅可以維持生計是因為他們國家的經濟衰敗，他們本身又沒受教育，也沒甚麼一技之長。」

「很好呀，那你呢，就舒舒服服住在美國——一小時賺三十分錢就能維持生計，你不覺得自己太苛了一點嗎？」

「很好，」山姆假裝沒聽到他的諷刺：「你要提高印尼人的薪水，那誰該付這些錢呢？提高產品單價，讓消費者來付嗎？減少投資報酬率，讓股東來承擔嗎？還是降低美國工廠的員工薪水？其實，你真正想要的是，叫球鞋工廠為印尼人推行某些福利計畫罷了。」

安德魯輕蔑的笑了起來：「得了吧，這又是笑話一則。」

「我不這麼認為，」山姆回答：「你是好意，想要做好事。可是你忽略了一個事實，那就是有人必須因此付出代價。用別人的錢來做好事，當然很容易了。」

「說得像個會計師一樣。薪水提高，相對的生產力也會提高，工人做起事來也比較帶勁。」安德魯說。

「你像在寫科幻小說一樣。如果一家公司是出於私人利益，願意付出高於市場的薪資，那我看你不必立法規定，或者是花心思籠絡，它都很樂意出手大方的，因為那是它的私人利益呀，老兄。可是要付比較高的薪水，就和福利計畫沒兩樣。」

「鼓勵公司出手大方、改善社會福利，有甚麼不好的？如此一來，每個人都獲益呀。」

「不，那些企業可得不著甚麼利益呀！」山姆回答：「這概念的毛病就在這裏。在種種好意的背後，隱藏著許多問題。天下沒有白吃的午餐，你吹噓的慷慨大方，最終都得要有人付出代價。通常，要付出代價的人，就是你最關心的工人。照你所說，一個有責任感的企業理應提供健康保險、職業訓練、以及日間托兒服務等等，可是你知道嗎？那是員工自己付的錢呢！他們的收入因此變少了，不然就是他們的公司必須裁員。」

「沒錯呀，」安德魯話中帶刺：「這公司多慷慨呀！想盡辦法避免利潤受損，這條神聖的底線可千萬要好好保護呀！如果勞工的成本增加，我們就從他們的飯碗裏拿回來。」

「可是這也不是企業的錯呀。如果你能提供很好的福利，會有很多人爭著來替你工作，因此使薪資成本降低。」

山姆的脾氣快要爆發，而且愈來愈失控。他的情緒也同時影響到安德魯。

「對於貪得無厭的企業，這是我有史以來聽過最有創意的申辯。你是在指責工人剝削他們自己嘛。」

羅拉知道山姆說的道理，就和上次談到老師的薪水一樣。

「安德魯，他要說的是，」羅拉打岔：「勞工也有供需的問題，如果供過於求，薪水就會減少。」

安德魯聽到妹妹要幫這無情的經濟學家說話，更加火冒三丈：「甚麼時候開始，這艾莉卡二世變得和安・蘭德（Ayn Rand，編按：1905-1982，美國小說家和哲學家，以客觀主義哲學著稱）一樣呀？怎麼妳變成了走資派皇后，連妳哥都不知道啦？」

「我只是想釐清他的論點而已，」羅拉臉紅了：「這不表示我贊成他的說法呀！」

安德魯轉過頭來對山姆說：「在你的世界裏，所有的消費者和工人都充分掌握了所有資訊，而且每件事都配合得很好，簡直和作夢沒兩樣！」

「在你的世界裏，」山姆回敬安德魯：「只有你掌握了所有資訊，每個人都需要你的聰明才智。」

「你就是受不了你最愛的市場體系製造了不平等的現象，甚至帶來災難性的後果。你們這些學院派只懂一些市場，還有甚麼『一隻看不見的手』。那隻手往往是掐住了工人和消費者的喉嚨。我們需要更多出手大方的企業，而且是受到社會政策監管的。」

「我可沒你那麼目空一切。」

兩人互不相讓，室內的氣氛愈來愈火爆。羅拉看著他們針鋒相對，急著想打圓場，否則後果一發不可收拾。山姆和她私底下爭論著經濟理念是一回事，可是在家庭聚會也互相較勁，又是另外一回事。她不住看著父母，希望他們能伸出援手，但兩老似乎太專注於聆聽兩個大男人的意見，忽略了羅拉。

「你比我們的市場還聰明，」山姆繼續說：「甚至比那些沒有任何退路的工人還聰明。你把大人都當成小孩子，如果你有能力的話，一定會連菸都給禁了……」

「我當然會了。」

「對呀，這又再次說明，甚麼是最好的，你統統知道。你打出了企業責任的口號，你欣賞做善事的企業。」

「你不會嗎？還是說做善事太好、太慷慨了，不合你的胃口？你該反省一下自己在說甚麼。我會禁菸，你會禁止做善事，以確保窮人能夠透過貧窮，改善他們的個性。」

「錯了，你完完全全的錯了。可是我們先把話題回到企業行為上。企業捐錢給慈善機構，是打好公關，促進企業的知名度。這樣做可以改善社會環境，吸引更多的員工為企業賣命，的確無可厚非。可是，如果一個企業捐錢給某個樂團，只是因為他喜歡和音樂家鬼混，或者是他捐錢給流浪者之家，是因為政治壓力，還是說，像你這種人加諸於他的，一些無形的法規威脅，那就不能相提並論了。」

「這有甚麼不對的？你這樣說只是證實我說得沒錯，你對人一點也不關心。誰會在乎企業做好事背後的原因呀？如果我們因此能夠舉辦更多的文化活動、多了間流浪者之家、或者是推行反毒計畫，那又有甚麼不好呢？我的理想是要使世界更美好。」

「可是那不是你的錢呀。」山姆努力壓抑怒氣，但是，眼看著自己節節敗退，猶如困獸之鬥。酒精的作祟、尖酸的言詞攻訐、其他賓客沉默的反應，處處使他感覺四面楚歌，快把他逼到牆角去了。

「你在說甚麼呀？」

「那是企業的錢，可不是你的錢。那些錢即使真的可以讓工人享受到更好的福利，讓他們生活得更好，也不是你給的錢；那些錢即使真的可以使世界更美好，也不是你給的錢。」

「這簡直是強詞奪理、吹毛求疵！這些錢是來自社會，是屬於社會。所以社會應該可以說它該怎麼花，而不只是單聽總裁的話。」

「你只對了一半，」山姆反擊：「總裁是不可能亂花錢的，他是有責任的。對於公司的股東來說，他們已經出資了，也就是冒了風險。因此，他們是有權得到回報的。一個總裁如果是為了彰顯自己的權力，而去蓋奢華的總部，那麼，他就是做錯了。同樣的，如果他拿錢去捐助流浪動物之家，他也是做錯了。他該怎麼花錢呢？他應該請一些更好的工人、改善廠房設備、或購置其他軟硬體，以確保企業的永續經營以及長期獲利性，這才是真正的企業責任。在我的世界裏，市場已經規範了總裁，要他徹底履行他的責任。那些富有政治色彩的華府高官，或者是菁英分子的言論，我看呀，大可不必淌渾水。你一直在自我安慰，認為自己的干預是出於一番好意，只不過是希望世界更美好。你一直以為人們不知道怎麼好好地花自己的錢；你一直以為股東只不過是一群待宰的羔羊，他們只會花錢享受生活、沉迷聲色場所、買名車、打小白球，而不把錢用在你自己覺得更有意義的地方。可是我反對你口中所謂的好事。」

「你有完沒完？」

「安德魯！」羅拉幾乎以哀求的口氣說道。

「這男人像條毒蛇，」安德魯對他妹妹說，接著，他望著山姆：「你是個危險人物。你假藉工人的名義，把企業的貪婪合理化。你把安．蘭德說得像社工一樣。你站在查爾斯之流的一邊，替所有踩在別人背上賺錢的人說話。你用冷酷無情的觀點荼毒我妹妹，恕我沒有辦法認同。」

在座每個人都在看山姆的反應，以為他一定會嚴詞反駁。山姆深深吸了一口氣。「我有情無情，你永遠不會知道。」

山姆轉頭看著羅拉的母親。

「伯母，真白費了妳一番好意，謝謝妳今晚的一切安排。」他再看看其他賓客：「對不起，連累你們吃甜點都吃得不自在。」

他看著羅拉。她瞪著前方，故意不看山姆。山姆把頭抬得高高的，盡量裝得毫不在乎地走出去。晚風徐徐吹過，他的臉感覺涼颼颼的。就這樣玩完了，他心想。山姆直接就回家，而他們將繼續討論他和安德魯之間的話題，想到這裏他心裏又氣又惱，他將成為眾人的笑柄，而羅拉也會加入他們的陣營。這也不能怪她呀，山姆想，畢竟是他自己把事情搞砸的。

回家後，他不停踱步，氣自己做的好事。他怎麼可以隨隨便便就動怒呢？他到底在想甚麼呀？已經三十歲了，怎麼還不會控制自己的情緒呢？他整個人癱在沙發上，望著天花板，一邊回想著當晚的激辯，一邊反省怎麼樣才能把自己的意見表達得更完整。不過，這麼做真是浪費時間。當安德魯開始找碴的時候，他應該笑笑就算了。可是，在他內心深處，他知道自己會想盡辦法，努力維護自己認為正確的信念。

他看到小茶几上放了一疊書，其中一本是他昨天才買的文學選集，其中收錄有丁尼生所寫的詩〈優里西斯〉。他的胃開始絞痛起來。他以為自己是誰呀？居然妄想博取像羅拉這樣的女人的好感？他拿起那本書，隨手就丟到房間的一角。

經他這麼一丟，這本廉價書的內頁立刻就散落在地上。他看到之後，怒氣似乎消了一點。他坐在沙發上，把頭埋進雙手。他深深吸了幾口氣，把燈關上，並且打開音響，播放法蘭克・辛納屈的歌〈僅餘的時刻〉（In the Wee Small Hours）。他躺著，聆聽著歌詞，回想站在樓梯旁的羅拉，她的微笑可以帶走所有的恐懼。他怎麼會那麼笨呢？

當山姆快要睡著的時候，被突如其來的門鈴聲嚇醒了。他恍惚看了一下時鐘，凌晨一點。會不會是羅拉來找他，安慰他一切都沒事呢？想到這裏，他飛奔至門口，希望這並不是自己的幻想。可是，把門打開之後，卻沒有看到任何人，只看到地上放著一封信。與此同時，他聽到遠處傳來跑步聲。誰會在大黑夜給他捎信呢？

信封上只寫著山姆的名字，他把信翻到背面，卻沒有任何署名。當天，他曾經舉行過一堂考試，大概是學生沒來考試才寫信給他，懇求他再給一次機會吧。

山姆心想，沒有人缺考呀。他打開信封，裏面有張紙條：「希望這份資料能幫上你的忙，你的朋友。」除了紙條之外，信封裏還裝了幾張信用卡刷卡收據，以及政府採購文具的機密備忘錄。看到收據和備忘錄上的名字，山姆嚇了一跳。收據是由一位知名的議員簽收的。由於一椿國會調查案，這位議員是每天見報的頭條人物。同時，他的世界觀也和山姆截然不同。一直以來，他都避免在班上提起這位議員的名字，因為他是某位女學生的父親。

山姆再次拿起那張備忘錄，仔細的閱讀。他馬上看出它和收據之間的關係。現在，他該想想怎麼走下一步。

12 籠中野獸

「當然，這只不過是公聽會，主要是彼此交換意見，發掘更多尚需了解的——唔——方向。我們以往一直存在著某些疑問，而這些疑問也得要深入探討，從而加以檢視。我必須再次強調，本公聽會的所有議程都不是正式的程序。」

拉許議員愛打官腔，說話拐彎抹角，政壇常戲稱他具有家鄉奧勒崗州的風範——蜿蜒不絕的小河流——他像是會永遠待在國會似的。

「今天我們開會的目的，是要來討論我們經濟體系中，幾個關鍵性的重要問題。我們決定把焦點放在健康網，因為——因為——幾個原因。本委員會特別感謝企業責任辦公室的協助，簡稱為OCR或者是Okra。」

拉許議員抬起頭，用關愛的眼神望向坐在旁聽席前座的艾莉卡。

「Okra在我們的自由市場體系裏，扮演著非常重要的角色，」拉許繼續說：「他們是體系的監督者，俗稱看門狗，看到有甚麼不對勁就會吠。在現在的社會裏，沒有甚麼東西比橫掃大街小巷、購物中心、華爾街等等的貪婪、貪得無厭更危險。」

艾莉卡假裝翻看文件，雖然她還鑾贊同拉許議員的見解，她同時也很受不了他，因為他愛作秀，沒甚麼原則。她抬頭看著查爾斯，並聆聽議員如何介紹他是第一證人。

她憎恨查爾斯。她憎恨查爾斯的所作所為，也憎恨他的不知廉恥。但是，她必須小心謹慎，任何公事涉入了自己的情緒以及自我權力慾，只有百害而無一利。

健康網的調查案已經展開了，公聽會只是所有程序的第一步，不久之後，如果事情能照她的計畫進展，查爾斯的違法行為將會一一敗露，也將會有人站出來作證，陳述自己的受害故事。到目前為止，她還不知道之前收到的文件，所隱藏的奧妙。

拉許議員提出第一個問題。

「查爾斯．克羅斯先生，我先提出概念性的問題。你認為踏入二十一世紀之後，企業應該盡些甚麼責任呢？」

查爾斯沒有立刻作答。他回頭望向自己公司的法務人員，飛快的對他們笑一笑。他們一直擔心查爾斯會迸出甚麼驚人之語，看起來已經緊張得快發瘋了。現在，看到查爾斯不懷好意的笑，更是如坐針氈。

「踏入二十一世紀之後，企業啊——」查爾斯還沒把話說清楚，嘴角就帶笑：「得肩負重任呀。企業在二十一世紀，對於社區、社會、以及人類，都有許多責任的。夠偉大了吧？要不要把全宇宙也加進來呢？老實說，我只有一個責任，唯一的一個責任，」查爾斯停頓了一下：「那就是賺錢。」

旁聽席上的人都倒抽了一口氣。查爾斯又望向他的律師。看到他們每個人都神情凝重，心中一陣乖僻的快感油然而生。除了法律之外，他更痛恨另外一樣東西——律師。他們阻撓了查爾斯許多賺錢妙計，而他至少可以做一件事——隨時隨地讓他們坐立不安，即使他們是自己的員工。

委員席上還坐著加州議員卡許曼。他推動了企業責任辦公室的成立，雖然這個調查委員會的主席是拉許，大家都和道他才是主事者。

「克羅斯先生，你應該對你的員工，以及他們的社區負起某些責任吧？你的員工幫你生產商品，而他們的社區則塑造了應有的生活品質，照顧到他們的起居育樂。」

「我付薪水給他們，不是嗎？有時候還太多呢。我的董事會還以為出手大方一點，我就不必像現在一樣，在馬戲團耍猴戲，真是既虧本、又沒好處。」

健康網的一位律師長嘆了一口氣。

「至少我們對公眾利益有一些貢獻，克羅斯先生，」卡許曼繼續說：「我們談談比較深入的問題。健康網有沒有在中國大陸設廠？」

「你知道我們有在那裏設廠的。」

「那麼工廠的員工平均時薪是多少呢？」

「這是公司內部資料。」

「那麼健康網有沒有在墨西哥設廠呢？」

「最近才剛蓋好。」

「工廠的員工平均時薪是多少呢？」

「天呀，這也是公司內部資料。」查爾斯對議員們笑一笑，聳聳肩。

「克羅斯先生，也許你不願意透露公司資料，」現在說話的是紐約州的康曼議員：「可是大家都知道，你在美國以外的員工，平均每小時賺不超過一美元。你認為這麼低的薪水，對他們公平嗎？」

「公平？我不知道公平是甚麼意思，」他一臉無辜地說。旁聽席上發出一陣嘲笑聲，主席要求肅靜。「至少我從沒聽過任何員工抱怨。」查爾斯接著說。

康曼議員繼續說：「也許他們不敢說吧，克羅斯先生。可是我們知道健康網曾發生好幾起工業意外，以及低薪帶來的貧窮。」

「議員，我是不會相信任何二手消息的。如果你願意的話，我很樂意安排一趟工廠巡訪之旅，你甚麼時候有空，我們就出發。」

公聽會開始一陣子之後，艾莉卡就聽不下去了。都是一些制式的回答，她心想。她同時也擔心日後可不可能進一步調查健康網。議員們終於厭倦了這種不痛不癢的問答，請了下一位證人喬治．蘇沙蘭上台。艾莉卡看著他，覺得有點面熟，隨即就想起來了。他和他的家人曾經上過《時代雜誌》的封面，象徵著新一波的經濟動盪期。就是因為他們的故事，引起了社會大眾關注，從而促使國會針對健康網召開公聽會。

喬治坐下來，調整桌上的麥克風。他不像查爾斯那麼趾高氣揚，而且看得出來非常緊張。來自俄亥俄州的柏金斯議員正想讓他放輕鬆。

「今天能請到俄亥俄州的喬治先生來到這裏，是我們委員會的榮幸。俄亥俄州非常美麗，相信在座的每個人都知道的。蘇沙蘭先生，歡迎你來到華盛頓。」

「謝謝你，柏金斯議員。」

「你來自馬龍鎮，對嗎？」

「是的，議員先生。」

「馬龍鎮很漂亮，很漂亮。就像俄亥俄州，還有我們國家許許多多的其他小鎮一樣景色怡人。那裏有很多很棒的人，也有很多很和諧的家庭。每個人都樂於工作，也賣力工作。」

柏金斯議員這番話不是對著喬治，而是對著議事廳公開發表，他希望喬治能藉此機會放鬆心情，鎮定情緒。他讚美了馬龍鎮約一分鐘之後，才把注意力轉回喬治身上。

「我知道你帶來了一些照片。」

「是的。」

柏金斯議員向助理比了一個手勢，她連忙拿出三個黑板架，在議事廳中央架起來。每個架子上都放了一塊軟木板。喬治把一個牛皮紙袋交給助理小姐，她把紙袋打開，再把照片逐一釘在軟木板上。照片上都是些面無表情的小孩，他們的父母正是健康網墨西哥廠的員工。

這真是整個議程中最精采的一幕。坐在中央的是喬治，典型的美國人。他今天穿上了最好的西裝，以及剛梳理過的頭髮，更增添了他的尊嚴與氣度。他的左邊陳列著另一個國度的照片，照片中孩子們衣衫襤褸，而他們的家更是簡陋。背景中還有晾曬的衣服，在空中飛舞，以及一頭羊用鼻子磨礑著孩子的大腿。至於在喬治的另一邊，則是衣食無虞的查爾斯，滿臉不悅地坐在那裏。這三幅圖畫同時構成了奇特的畫面，將會是全美各大報章聳動的頭條照片。

「蘇沙蘭先生，請你介紹一下這些照片，好嗎？」

「好的。當我在墨西哥工作的時候，每個禮拜都會看到這些孩子三到四次。他們和爸爸媽媽住在後面那些破房子裏。」

「你有沒有去過這些——」柏金斯議員正在想比較恰當的字眼：「住所呢？」

「去過很多次了，其中一位主任就住在這兒。」喬治走到黑板架前，指著照片說。

「你是說，」現在換成是卡許曼議員說話：「主任也要住在這種房子裏？」

「恐怕是如此。」

「他賺多少錢呢？」

「聽過剛才克羅斯先生的供詞，我想我不應該說的。可是你大概也看得出來，薪水不會多就是了。」

「蘇沙蘭先生，你在墨西哥主要的工作是？」

「我替健康網工作。」

「你已經沒在健康網上班了，對嗎？」

「目前正在找工作。」

「今天作證，你會拿到任何報酬嗎？」

「當然沒有！」喬治衝口而出。「對不起，議員，」他馬上壓抑住：「我是花自己的錢來這裏的，我在做我認為正確的事。」

「這的確是正確的事，而且你的表現也值得嘉獎。這些照片都是你的嗎？」

「是我朋友拍的，我向她買來的。」

「照片拍得很傳神，給人深刻的印象啊。」

旁聽席上，羅勃也和健康網的人坐在一起。看到這些照片，他馬上就認得出來。然而，他卻表現出一副非常同情當地員工的樣子，彷彿是第一次看到這種貧窮落後的景象。當然，他知道誰是攝影師，可是喬治卻讓他閉嘴了。羅勃不會對老闆提起愛麗，換來的是，喬治不會告訴媒體，他曾經試著讓照片消失。再說，喬治曾「勸誡」過羅勃，他那齷齪的小動作不只是損害個人形象，要是給老闆知道，做得還不成功的話，那麼問題就更大了。不必說，羅勃很快就懂得該怎麼做。

現在，卡許曼議員請喬治談談馬龍鎮，以及撤廠對小鎮帶來的衝擊。與此同時，艾莉卡心情十分好，她愛極了這些照片。它們對自己的計畫大有幫助，一旦在媒體曝光之後，將帶來更多新聞報導，更多對健康網的抨擊，效果媲美《時代雜誌》的封面故事。就在這個時候，她身邊的呼叫器震動起來了。她看一看螢幕，顯示的是一支她熟悉的本地電話號碼。

她離開旁聽席，走到走廊，用行動電話回電。

「我是艾莉卡，要回李博士的來電，好，謝謝你。」她緊張地用腳打拍子，等待李博士接起電話。「大衛，我是艾莉卡。你找我嗎？」

艾莉卡專注地聽對方說了大約兩分鐘，不時點點頭，卻沒表示任何意見。

「謝了，大衛，你幫了我一個大忙。」

這通電話對調查真是一大突破，艾莉卡心想。她從未想到自己能找到比喬治的供詞更有力的證據。正當她走回旁聽席時，她強迫自己臉上不要露出笑意。

13 遊戲規則

五月中旬，學期即將接近尾聲。羅拉的桌子上，堆滿了考卷、文件以及課本。她必須騰出一點時間來改考卷，可是看到桌子亂七八糟，實在無心工作。於是她走去地下室，找到一間比較安靜的教室，也可以讓她有多點空間擺放考卷。

打從她父母在家宴客迄今，已經過了一個月。除了在學校碰到山姆，必須打聲招呼之外，羅拉再也沒和他聊天。山姆送了一束花給她，還附上一張字條：「那天晚上真抱歉。其實我很討厭耐吉（Nike）。」羅拉沒有回應。有時候，她會看到山姆獨自坐在中庭吃午餐。她還記得自己唸過丁尼生的詩給他聽，但是，那一天，似乎已經過了好久好久了。

羅拉選的那間教室，是和隔壁的教室連在一起的，只是中間用隔板分開。由於大樓的其他地方正在進行裝修工程，所以只好使用這兩間教室。當羅拉正在改考卷的時候，她聽到隔壁教室傳來講課的聲音。儘管羅拉的桌子離隔板頗遠，還是聽得到爭論的聲音。她好奇地走到隔板旁邊，細心聆聽之下，原來是山姆在上他的「經濟學的世界」。她再靠向隔板，仔細聽聽到底怎麼一回事。

「我知道這是不公平的，我會把規則再說一次。」羅拉聽到山姆耐心地解釋著。規則？羅拉早知道山姆上課的方式和別人不太一樣，她已經準備好接受山姆的一切怪異行徑，可是，規則？當她發現山姆上課還玩遊戲，仍然免不了覺得驚訝。

「聽好了，」山姆繼續說：「你是個獨裁者。身為獨裁者，你可以通過一道法令。記著，只有一道法令而已啊。而且，它必須是一道法令，而不只是出於一番好意而已。舉例說明，你不可以頒布法令，命令人們彼此相愛，或者是杜絕疾病，或者是不准有人在車禍中喪生。你必須根據自然法則以及經濟學法則，來訂定你的法令。明白了嗎？好吧，現在誰自願先來當獨裁者？」

「我要通過一條法令，要求每個人都要有高中畢業的教育程度。」一位女同學建議。

「為甚麼呢？」山姆問道。

「因為中輟生常帶來一些社會問題。他們會做壞事，又找不到工作，到最後就要靠社會福利過日子。」

「所以每個人都要待在學校了。妳覺不覺得要監督上課率會有點困難？」山姆問道。

「不會呀。」

「所以妳每天都會點名？妳要怎麼對待那些缺席的人呢？」

學生沒再說話，思考著該怎麼懲罰曠課的同學。

「要曠課幾次妳才會懲罰他們呢？」山姆問道：「兩次？三次？」

「三次好像公平一點吧。」學生回答。

「我不敢說，」山姆說：「我想，即使妳點了名，還是有人會翹課的。不過，我們先來假設每個人都遵守這道法令好了。萬一妳碰到一些不想上課的小孩，卻又礙於法令不得不來上課，來了之後就在班上搗蛋，妳會怎麼做呢?當然，你最想通過的一道法令，是逼迫每個人都要對讀書有興趣，但這違反了自然法則。也許妳可以想一道法令，是鼓勵學生上課的。有沒有其他人想試試呢?」

「我會取消所有的社會福利補助金。」

羅拉聽到艾美的聲音，頗感意外。她選修了羅拉的「英詩欣賞」課，同時也是某國會議員的掌上明珠。長久以來，這位議員都在力挺並且擴大社會福利的涵蓋範圍。山姆將怎麼回應她的建議呢?

「那些領補助金的人，當然也有孩子的，對嗎?這些孩子要怎麼辦呢?讓他們餓肚子嗎?」

艾美猶豫起來了。「我們可以推行一個臨時計畫，只是幫助孩子的。」

「臨時是多久呢?六個月?一年?妳怎麼確定是孩子拿到錢，而不是父母呢?」

山姆給她一點時間思考。他一定是在教室來回踱步。

「我們可以開一些餐廳，只准許孩子進去吃飯。如此一來，孩子就不會餓肚子了，而大人就非得去找工作不可。」

「這個想法很有創意。不過，這個計畫結束之後，家長還是找不到工作，妳會怎麼做呢？還是讓他們餓肚子嗎？」

「的確很難解決呀。不過，如果爸媽知道自己的孩子快沒飯吃了，難道他們不會趕快去找工作嗎？」

「說得沒錯，」山姆讓步了：「不過，如果要讓妳的『詭計』得逞，妳必須願意去把這個法令推行。妳看到孩子沒飯吃了，不會覺得難過嗎？」

「私人的基金會自然會照顧他們的。」

「也許會吧。在經濟學裏面有一個理論說，私人基金會絕不可能像政府課稅一樣，籌得到那麼多資金。」

「是嗎？」艾美問道。

羅拉也同樣覺得訝異。她沒想到山姆會提出這個話題。

「是的，」山姆繼續說：「下課之後，我們可以再談談這個問題。也許妳該想想，萬一私人基金會沒辦法填補這個洞，妳會怎麼做。還有沒有人可以提出一個最棒的法令？」

學生們不斷提出自己的想法，而山姆也不斷挑他們的漏洞。過一陣子之後，其他同學也加入山姆的陣線，紛紛對其他獨裁者的法令，提出日後可能會發生的問題。羅拉聽到山姆一直在攻擊每一個想法，連他自己也應該會贊同的法令也不例外，她不禁覺得奇怪。與此同時，她也覺得班上討論得非常熱絡，身為老師的，想必會對這種場面感到很滿意。

這真是一個啟發式的遊戲，它強迫學生去思考當下最嚴重的社會問題，並日想出解決的方法。最叫人意外的是，它反映了學生們迥然不同的觀念，包括了對國家當務之急的認知，以及最可行的解決之道。有位同學希望能嚴懲毒販，另一位則希望毒品合法化。可是不論提出的是甚麼法令，都有一些不對勁的地方。羅拉因此以為，這個遊戲最主要的目的，是要了解立法（尤其是一道周全的法令）過程中的困難與挑戰。

可是，就在此時此刻，羅拉卻在想著山姆，而不是世界上最好的法令。這樣看起來，他真是一個好老師，而且處事中肯。隔壁突然傳來起哄的聲音，讓她再度集中注意力。

「好吧，好吧。」

是山姆的聲音。

「大家都想知道我的法令，對不對？想知道我認為要怎麼改變美國，讓它變得更美好，對不對？可是，即使我相信它是一道最棒的法令，有朝一日我真能成為獨裁者，我也不會通過它的。你們的任務就是要去想為甚麼。」

全班同學都靜下來了。

「如果我能通過一道法令，」山姆繼續說：「而且是唯一的一道法令，我會——」

山姆頓住了，羅拉認為他是在製造戲劇效果。

「那就是，」謎底揭曉了：「全面禁看電視。」

聽到山姆的答案之後，全班變得鴉雀無聲。羅拉也嚇了一跳。她還以為山姆會說要廢除某項管制、最低工資規定、或者是和經濟學相關的事。禁看電視？

「看電視完全是浪費時間，而且你會慢慢上癮的。它會慢慢破壞所有人性的本質，讓我們變成活死人，拿著個遙控器一直轉台、一直轉台，好逃避現實。」

班上一定是有人忍不住笑出聲來。

「有人在笑囉。每晚看一小時電視的同學請舉手。還是最少兩個小時？三個小時？電視看多了，會不會覺得自己有朝一日會變成笨蛋呀？變成笨蛋了，你們的生活會更多彩多姿嗎？」

羅拉想像山姆現在一定是走來走去，比手劃腳地說明自己的論點。她已經把自己桌上的考卷完全拋諸腦後。

「禁看電視，孩子們就會開始自己去發掘這個世界的新鮮事，而不是每天呆呆地坐在一個會說話的盒子前面。禁看電視，家人會在吃晚餐的時候，聊一下天。禁看電視，人們將重拾閱讀的樂趣。禁看電視，人們就會學習好好坐著思考——一種打從電視普及時代起，早已失傳的藝術。」

「可是有些電視節目做得很棒呀。」有位同學打岔。

「哈哈！」山姆幽默地說道：「就正如我們討論過的每一道法令，我們總得要為它們付出代價。可是我幾乎可以肯定，禁看電視的好處比我們付出的代價要多得多。也許我們真的是有幾個很不錯的節目，但我相信臭水溝的水，一定比礦泉水多，而且也不能喝。標榜暴力、色情的節目——」

有些同學正在小聲嘲笑老師既落伍又老套，而羅拉也微笑地想：怎麼一個活在二十一世紀的大男人，會看不慣電視所傳播的次文化呢？

「又有人在偷笑囉，」山姆說：「可是，禁看電視會奪去日常生活中重要的一部分。也許你會說，這沒甚麼大不了，沒錯，這的確沒甚麼大不了，因為看電視是一場悲劇。看多了MTV，你對女人的觀點將會大幅改變。看多了謀殺案，一聽到新聞報導的兇殺案，你可能只會搖搖頭，覺得沒甚麼大不了，下一分鐘馬上就忘了。」

山姆停下來，喘一口氣。

「我很熱中這個話題，也許還過度熱中了一點。可是，這是我的經驗之談，我就是典型的上了『電視癮』的人，不過，我已經設法把這個癮戒掉了。當我突然發現，我浪費了多少個晚上，坐在電視機前面，漫無目的地按著選台器，我就知道大事不妙了，必須立刻設法解決。首先，我把電視機搬到家裏坐得最不舒服的房間，再來，我停掉有線電視。到了最後，我連電視機都賣掉了。我自由了！我再告訴你們一件事情，我看了更多的書、做更多的義工、花更多的時間和朋友以及家人聊天。可是我可不會自己騙自己，我還是個有電視癮的人。如果我住旅館，我就無法控制我自己了。我會在第一時間打開電視，然後就一直看一直看，像個呆瓜似的，所以說，我不會幻想自己有能力解決這個問題。現在我們又有了網際網路，這又是另外一個逃避現實的最佳途徑。」

羅拉聽了山姆的自我剖析，不禁啞然失笑，他真是個怪人。

「聽著，」山姆繼續說：「我相信電視對你們的腦袋瓜是沒有好處的，可是，你們知道嗎？如果我能當獨裁者，即使是一天也好，我也不會把電視全面禁看的。你們知道為甚麼嗎？」

班上變得鬧哄哄的，紛紛揣測老師的想法，可是山姆要求同學們安靜。

「我真想要你們猜猜看，可是現在快下課了，我們還要再玩一個遊戲。這個遊戲幫助你們了解，為甚麼我有朝一日當上了獨裁者，我也不會全面禁看電視。」

羅拉已經完完全全忘記了改考卷這件事了，她的耳朵貼到隔板上，不想聽漏任何一個字。

「這個遊戲不是我發明的，而是來自一本好書，叫做《無政府、國家與烏托邦》（*Anarchy, State, and Utopia*），作者是羅伯．諾齊克（Robert Nozick）。有沒有人看過這本書呢？」山姆停了一下：「當然沒有了，大家都忙著看電視上的垃圾節目嘛！」

山姆話中帶刺，惹得班上同學哄堂大笑。

「在這本書裏，」山姆繼續說：「諾齊克創造了一種奇怪的機器，我們姑且叫它『夢想機器』（Dream Machine）好了。這部機器可以幫助你實現夢想，你只要輸入正確的程式、接上感應器、再按一下開關，就可以體驗自己最想擁有的人生。這可說是把虛擬實境的遊戲發揮得淋漓盡致，譬如說，你好想當美國總統，或者是世界上最偉大的搖滾樂手。你可以登上埃弗勒斯峰、治好癌症、贏得奧斯卡金像獎、年年賺好幾億等等。最神奇的是，它和睡覺所做的夢不一樣，讓你完全真實地過日子。實際上，你只需要躺在桌子上，戴上機器，就會在意識裏感受到自己正在夏威夷滑水、唱當紅的流行歌曲、第十次贏得ＮＢＡ籃球賽，那種真實的程度，就好像手上握著筆，或者是真的聽到我的聲音。你們有沒有興趣玩玩這部機器呀？」

羅拉猜想所有同學都把手舉起來了，她也在想自己會怎麼利用這部機器。

「你們當然想玩玩啦！」山姆繼續說：「可是，我漏了一個關鍵條件，沒有告訴你們。你利用夢想機器所度過的人生，將取代你現實的生命。換句話說，你睡了之後，就再也不會醒來了。今天，你走進這個房間時，還是個青少年，接著，你就取得碩士學位、贏得諾貝爾和平獎、唱歌比披頭四還受歡迎——有了這一連串的成就和榮耀之後，你就慢慢變老，直到死去。你可以死得沒有任何痛苦，可是當那些科學家把電源關掉之後，你的大腦就停止活動，然後他們就會把你給埋了。當你正在使用這個機器的時候，時間運行的速度就和現實生活一樣，但是實際上，你只是占用這個機器五分鐘而已。然後，他們就把你推出去，再請下一個客戶進來。」山姆停頓了一下，再用快樂的口吻問學生：「是客戶喲。還想用這機器嗎？」

羅拉的背脊升起了涼意，隔壁的同學也靜下來。隔一陣子之後，山姆打破了沉默。

「大概不想用了吧。為甚麼呢？」

「這又不是真的。」有位學生說。

「我知道呀，」山姆回答：「可是你不會知道這不是真的，你會實實在在的當總統呀。」

「再怎麼樣，那也是假的呀，」有位學生說：「就算你在用機器的時候，把癌症治好了，在現實生活中，還是有人得癌症而死掉的。」

「沒錯，」山姆說：「但是你幹嘛那麼在意呢？對我來說，夢想機器所製造的，根本就不是生命。這不只是因為它是假的，更是因為它把生命中最有價值的東西，都一併奪去了。我們的人生應該是『冒險、犯難、往前衝，絕不放棄』才對。」

聽到山姆引用〈優里西斯〉這首詩的最後兩句，羅拉實在太興奮了。

「還有失敗，」山姆繼續說：「如果我們都只會勝利，不會失敗的話，『冒險、犯難』又有甚麼意義呢？假設我每年都送你一千萬美金，直到你死的那一天，唯一的條件是，你每年都必須把這些錢花光，你會接受嗎？再說，即使你接受了，你會快樂嗎？」

「我當然會快樂囉！」有位同學說。羅拉猜測每位同學都在點頭如搗蒜。她在班上還碰過更糟糕的情形。

「你會有一陣子過得十分逍遙自在吧，」山姆說：「第一天，龍蝦魚子醬當早餐，接著，和好幾百個朋友一起坐協和客機到巴黎享用午餐，然後再飛回紐約，到帝國飯店的總統套房吃晚餐。第二天，又再用龍蝦魚子醬做早餐，也許到巴黎另一家餐廳吃午餐，或者請世界名廚飛到紐約來，親自為你掌廚。也許你包下了古根漢美術館，席開五百桌，再請到紐約愛樂交響樂團為你演奏助興。當天晚上，再和史派克．李（Spike Lee）一起去參加電影首映會。好吧，也許你不會選擇紐約愛樂，也許你有更棒的點子，這樣子過一天不錯吧？過一個禮拜也很好，可是一年呢？十年呢？」

「我還是很想試試呀。」一位同學說。

隔了一道隔板，班上的哄笑聲還聽得到。

「我知道，這種生活方式，的確很吸引人，可是你吃了十年魚子醬早餐之後，你會覺得這和玉米片一樣，沒甚麼差別。我再跟大家講個故事。」

班上又靜下來了，山姆大概是在整理思緒。

「有個男人死了，」山姆說：「他醒來之後，發現自己躺在世界上最美麗的河流旁，那裏有很多鱒魚。在藍藍的天空下，男人手上拿著最好的釣竿，在他眼前是一條清澈的河流，裏面有急流、也有小漩渦，最適合鱒魚的生長。他這一生中最希望的就是騰出多一點時間釣魚，現在，他終於如願以償了，原來自己身在天堂。他往上游望去，居然有一條魚正浮上水面抓昆蟲耶！他隨即把釣竿甩過去，甩得又準又漂亮，剛好就在那條魚那邊。只見水花四濺，一條鱒魚正在釣竿上掙扎，力氣之大，顏色之美，讓男人讚嘆得連呼吸都忘記了。雙方角力好一陣子之後，他才把魚釣上岸。牠最少有十二磅重！鱗片的顏色也非常鮮艷。他把魚拿下來，再回到河邊釣魚。沒多久，他又看到另外一條魚浮上水面抓昆蟲。他再次把釣竿甩過去，又是一次完美無缺的表現！又是一條美麗的魚！真是奇蹟呀。男人情不自禁地跪下來，由衷感謝上帝的恩賜。可是當天，他是一條魚接著一條魚釣上岸，從來沒有失誤過，他不得不開始懷疑起來了。於是，他決定隨便揮動釣竿，沒想到還是釣到魚耶！他氣得大吼大叫，把釣竿隨便甩洩憤，卻還是有魚上鉤。到了此時，他才恍然大悟，這裏並不是真正的天堂。」

有位學生問了：「這跟禁看電視有甚麼關係？」

「因為禁看電視違反了遊戲規則，我不是指班上的遊戲規則，而是我對美好生活所訂的遊戲規則。美好的生活是真實的，我們有快樂、有悲哀；有成功、有失敗。從山谷爬上山頂，美好的景色盡收眼底，我們的視野會更開闊；每甩一次魚竿，就能釣到魚，並不代表我們置身天堂；擁有十幾二十億的財富，也是非常無聊。禁看電視並不會讓我們的生活更美好，這樣做也不會真正改變這個世界。這種規定指出生活到底是哪裏出錯了，讓你自以為已經解決了問題，但這是很危險的幻覺。為甚麼你會覺得電視節目不入流呢？因為大家都喜歡看。為甚麼大家每天晚上都守在電視機前面，非浪費四個小時不肯罷休，直到自己體力不支，終於睡著呢？因為他們的生活空虛。禁看電視不可能使他們的生活充實起來，即使可以的話，試問我有甚麼權利，命令那些瀕臨破碎的家庭不要再吵架，重新和好呢？試問我有甚麼權利，要求家長多花一點時間陪孩子呢？即使我真的擁有那種權利，你又怎麼可以幻想隨便運用這種權利，把大人都當成小孩子，然後不准他們吃『電視』這種棒棒糖，就能改變這個世界？我個人不看電視，也因此而感到自豪。這是一種勝利——儘管這種勝利再怎麼微不足道，但是我克服了我天生的弱點。這不就是人生的意義嗎？認識自我，從而設法做對的事？如果一味要求政府為你立法，因而剝奪了你抉擇的權利，那對你又有甚麼好處呢？這並不是人生。我們想要透過改變遊戲規則，讓政府去遏止所有憤怒、嫉妒、貪婪、慾望或暴力，也不是人生。活在這種世界裏，你的生命並不完整。」

山姆的授課暫時告一段落。班上靜悄悄的。

「下課了，我們明天見。」

羅拉深深被山姆的想法打動了，她對這一點並不覺得奇怪。她反而想翹下一堂課，馬上跑到隔壁班去看他，跟他聊聊，心中產生了一點莫名的忐忑。羅拉終於知道，原來他是一頭披著狼皮的羊。她決定今天稍晚，到教職員休息室去找他，為自己最近對他不理不睬，向他說聲對不起。

當羅拉走過山姆的教室時，她看到山姆被一群同學圍住。站在另外一邊等他的，正是議員的女兒艾美。她身材高挑、金髮碧眼、女子排球隊隊長、校刊編輯、史丹佛大學準學生。這個女孩，不，是女人，可能為山姆帶來許多麻煩——說不定她已經帶給他許多麻煩了。

羅拉又再想，到底山姆犯了甚麼錯，讓學校非得辭退他不可。她從剛剛那四十五分鐘的課，以及學生下課後還要和他辯論來看，山姆的確能啟發學生的思考，從這點看來，他的教學品質並不是問題所在。

14 數字的祕密

「我有一些重要的消息要宣布。」

艾莉卡在企業責任辦公室的週一早會上，對屬下這麼說。她剛才都沒說話，只是聆聽馬歇爾報告由他主導的健康網案件的調查進度。現在，她突然這麼說，不是要製造任何戲劇效果，但足以引起同仁的注意了。

「兩個禮拜以前，我收到這個包裹，」她一邊說，一邊拿起一個牛皮紙袋。「有人把這個寄到我們的信箱，我收到的時候，也有給你們看過。這絕對和健康網有關，也知道一定是他們的職員寄來的。可是，這看起來只是一長串的數字，卻看不出所代表的意義。我研究了兩個禮拜，看看能不能找出甚麼頭緒，現在，我終於搞懂了。」

艾莉卡拿起咖啡，喝了一口。

她接著說：「原來這是藥品的成分測試報告。任何新藥上市之前，食品藥物管理局規定一定要進行這項測試。」

有人問道：「妳是怎麼知道的呢？」

「有一天我突然靈機一動，把它拿給食品藥物管理局的李大衛看，他在那裏服務好幾年了。他一眼就看出這是甚麼報告，然後馬上就在上禮拜五和我聯絡。我那時剛好在國會山莊出席健康網的公聽會。這是管理市面上各種藥品的，也就是所謂的國際藥品查驗登記碼（International Code of Harmonization），簡稱ＩＣＨ。因為是測試的數據，所以看起來都差不多。」

「結果呢？」馬歇爾問道。

「這個嘛，我們得要碰碰運氣了。李大衛說這只是報告中的部分資料，你們看看。」

艾莉卡影印了一些資料，發給同仁參考。

「左上方一欄是流水序號，我們手上拿到的第一頁，第一個數字是1,583，換句話說，我們沒有1到1,582項紀錄，以及之前的所有其他文件。我手上六十頁文件的格式都是一樣的，所以有可能是某份報告的附錄的一部分而已。很不幸的，我們沒有拿到最後的摘要表。」

「那麼這些數字有甚麼意義呢？」馬歇爾再問道。

「目前還不曉得，」艾莉卡回答。「假設有人想要銷毀這份文件，這其中肯定有不可告人的祕密，不是嗎？可是，會是甚麼呢？」

「這份文件上面連公司名字都沒有，我們怎麼知道這就是健康網的資料呢？」有位職員發問。

「我們的確不知道，這點李大衛會幫我們調查。你們看文件上方這些數字，是各家公司的代號。凡是要做這項測試，各家公司都必須向食品藥物管理局登記。」

「我們只有這一小部分的報告，能有甚麼作用嗎？」馬歇爾繼續問。

「我想是有的，」艾莉卡臉上流露一絲笑意，她滿意地靠坐在椅背上。「我已經想通了。」

☆

「哦？妳是新來的？」

這是一句普通的開場白，但是坐在櫃台後面的女子卻以為是問句。

「是呀，希瑟離職了，我只是臨時職員。」

霍華想答腔，卻想不出該說甚麼。他突兀地退後，走向查爾斯辦公室旁的等候區。那裏放了一套黑色真皮沙發，以及一個不規則形狀的茶几。霍華拿起放在上面的公司年報來看，試著在閱讀中尋找一點樂趣，但卻徒勞無功。

當祕書告訴霍華，查爾斯已經可以見他的時候，他正看著遠方發呆。年報再怎麼無聊乏味，他還是情願看年報，但這可不是由他作主的。他走進老闆的辦公室，緊張地坐在查爾斯的對面。上次他在這裏，為的是警告查爾斯新的攝護腺藥可能會有問題，今天則是「蒙主子召見」。

「報告結果好太多了，」查爾斯拿著一份文件說：「我就知道這檔事你辦得到。」

霍華沒有回答，他一心想要盡快離開這個鬼地方。

「我可不想再碰到任何麻煩，」查爾斯繼續說：「或者再給我出甚麼狀況啊。不會再有壞消息了吧？」

「不會。」

「我搞定了你拿來的——東西了，」查爾斯說：「我就跟你說不必擔心。這些結果比較像樣吧。你的良心還過得去吧？」

「我沒甚麼良心，這個回答滿意嗎？」這是霍華說過最狠的話了。

「大概吧。至少你腦袋還蠻靈光的，能夠做得出這個東西。不過，你的手還是很乾淨的，我說過我會搞定，就絕對沒問題。」

研發總監只是呆滯地盯著查爾斯。他真想衝口說：「我沒意見！」或者單純地朝天大吼一聲。還好自己還有幾分自制力。

查爾斯搖一搖手，叫霍華離開。

☆

艾莉卡加了一點班，也花了些時間在回家的路上。所以，她打開自家公寓的大門時，已經快晚上八點了。她直接走進狹窄卻具備「多重功能」的餐廳，把公事包放在餐桌上。當家裏的辦公桌已經堆滿文件時，餐桌就會派上用場。她慢慢整理過去好幾個晚上處理過的便條紙和文件。今晚，她並沒有像平常一樣，抓個餐墊，隨便吃點東西填肚子，反而從公事包裏拿出筆記型電腦，打開電源。

開始工作之前，她把保羅．賽門的ＣＤ《心靈與肉體》（*Hearts and Bones*）放進音響。接著，她又拿出牛皮紙袋，再抽出一疊文件。她深深吸一口氣，身體隨著音樂輕輕搖擺，並開始把數字一個一個地輸進電腦。

15 樂善好施

五月底的一天傍晚，山姆坐在杜邦商圈路邊的長椅上，對正在散步的情侶視若無睹，也無視於路過的慢跑者，以及自言自語的街友。他只是專心一意閱讀著一本缺了封面的書，他眉頭深鎖，努力想要了解書中的詩句。

一輛公車駛過，驚醒了他。他看看手錶，快七點了。他連忙把書塞進背囊的前袋，往康乃迪克大道的方向走去。

羅拉前兩天主動和山姆攀談，他頗感意外。當她邀請他去她家晚餐時，他更是嚇了一跳。當天，她並沒有說明自己為甚麼會改變態度，或者是解釋何以山姆送花給她時，她沒有回應。她只是開玩笑地說，她沒有請哥哥一起吃飯，而她的室友也剛好晚上有事，不會在家，當天將只有他們兩人共進晚餐。

羅拉和三位大學朋友一起在康乃迪克大道分租一間房子，由於他們就住在動物園附近，所以約半個小時，山姆就到達目的地。他深呼吸，按門鈴。

不久後，羅拉就來開門。她穿著T恤和牛仔褲，山姆見到她，格外高興，一味地傻笑。

「你好呀，山姆，請進吧。」

「羅拉，對不起，我遲到了。」他因為走路的關係，還在喘氣。他從背囊裏拿出一張CD出來：「我帶了份禮物給妳。」

羅拉看著這張CD，不禁笑了。

「我知道，」山姆說：「這有點荒謬。這個歌星法蘭克．辛納屈，也許讓你想到爸爸媽媽，甚至是爺爺奶奶，可是相信我吧，〈熱戀情人之歌〉（Songs for Swingin' Lovers）是美國有史以來最棒的流行歌曲。」

「謝謝你呀，山姆，」羅拉微笑著說：「我們去吃飯吧。」

山姆跟著羅拉走進廚房。

「要喝啤酒嗎？」羅拉問山姆：「我們還有中國大陸的啤酒喔。」

山姆接過一瓶青島啤酒，坐在廚房中央長桌邊的高腳椅上。空腹喝冰啤酒，滋味棒極了。

「要不要我來幫忙呀？」山姆問道。

「要的話我會告訴你。」

「羅拉，」山姆打開話匣子：「那天晚上，我覺得對妳父母很不好意思——」

「這沒甚麼，忘了吧，『往事如流水』。」羅拉從罐子裏掐出一小匙的米，放進鍋子，問山姆道：「肚子餓嗎？」

「唔，很餓。」山姆回答。

羅拉隨即再放一小匙米，再倒一些水進去，把爐子設成最高溫度。

「我也要對你說抱歉，」羅拉說：「那天晚上，我真的有點氣我爸媽一直在隔岸觀火，之後也不想再和你說話了——想起來真夠幼稚的。我應該謝謝你的花，可是我——」

「『往事如流水』，妳說的，那麼快就忘了？」

「好吧。」

羅拉蓋上鍋蓋，把計時器設定成十五分鐘。接著，她從冰箱拿出兩塊雞胸肉切絲，放在碗裏，灑上玉米粉、白酒和黑胡椒，用筷子把所有作料拌勻，放在一旁準備。

「山姆，你有兄弟姊妹嗎？」

「有個姊姊住在休士頓，她在艾克森美孚（ExxonMobil）石油上班，也就是那個鼎鼎有名的『勞工階級之友』那家公司。」

「休士頓不是有一家石油公司，常常污染環境嗎？是不是那一家？」羅拉笑著說。

「我不曉得。我所知道的艾克森美孚石油，是在全世界大量開採原油，再把原油送上地面，經過提煉之後，再賣給我們，讓我們可以上班、去沙灘享受日光浴、到朋友家作客等等。偶爾他們會不小心漏了些油出來，天下沒有白吃的午餐，不是嗎？」

「這句諺語我也聽過。她在那裏做甚麼呢？」

「工程師。」

「所以你姊姊是企業界的一個工程師——你好像也很喜歡做生意嘛，為甚麼你不去企業界賺錢，或者是幫助別人賺錢呢？」

「我曾經聽過一句話：『忙碌張羅，茫然消費，歲月任憑荒蕪』。」

「誰告訴你的？」

「我最近正在看一本英詩精選。」

羅拉正打算喝一口啤酒，突然停下來，詫異地看著山姆。

「我想更有修養嘛，」山姆繼續說：「接下來就是要去看歌劇了。然後，我打算看一些更偉大的東西，譬如說，現代藝術，再去訂閱《紐約時報》。誰曉得呀？說不定是《紐約客》呀。我也可以有夢想，對嗎？事實上，妳有一位學生曾經問過我妳引用的華滋華斯這首詩。可是，我正在看這詩集呀。好吧，如果妳想了解真相，我就坦白告訴妳好了。其實，我很早很早以前就打消了到大企業賺大錢的念頭，決定窩在學校，當個薪資過低的老師。」

「有意思。」羅拉暫時停下手邊的工作，用圍裙擦一擦雙手。「你會剝蒜皮嗎？」

「大概吧。應該不會太難？」

「如果你不懂得竅門，就沒那麼簡單。你看好啦，」羅拉用刀子壓一壓大蒜，如此一來，皮就比較好剝了。山姆照著她的方法做，而羅拉則開始切蔥。接著，山姆把剝好皮的大蒜放在羅拉面前，充滿興味地看著她一手扶著切菜板，一手用刀純熟地把大蒜切碎。羅拉換了一把菜刀，拿起青花菜就開始切出一顆顆的花菜，再削了四顆紅蘿蔔，然後切片。羅拉走到餐具室，拿了一些瓶瓶罐罐過來。這時候，計時器響起，她關掉爐火，讓飯留在鍋子裏再燜一下。

「這是甚麼？」山姆看到放在角落的一台金屬器具，上面還有一些奇怪的把手和按鈕。「我猜一定和咖啡有關。」

「這是La Pavoni咖啡機，在義大利以外的地方，就數它最能煮出一流的Espresso了，不錯吧？」

「漂亮極了，說不定喝茶的人也想買來放在廚房，當個裝飾品。」

「如果他們知道這要花多少錢，就不會這麼想了。我去年沒上班，去了一趟以色列和義大利，爸媽說如果我回家，就買一台送我，」羅拉笑著說：「這一招挺管用的。」

「我也要感謝妳的父母。」

羅拉把一個大大的黑色的鑊放在爐子上，接著就開大火。她站在爐子前面看著山姆，雙手叉在腰上。「有一天，我一個人坐在一間沒人的教室備課，聽到隔壁班傳來上課的聲音，我可以說那位老師很會帶學生，彼此的對話很精采，互動也很熱烈。你知道我在說甚麼嗎？我是說大家都很興奮，急著要表達自己的意見。我幾乎把耳朵貼到隔板上，好聽聽他們到底在討論甚麼，結果我反而被吸引住了。那位老師——他的聲音好熟悉啊，不知道在哪裏聽過，他還說了一個釣魚的故事。」

「啊！」

「這故事的內容嘛，我怕你厭煩，先把它擺一邊好了，可是我必須承認，它的確是個動人的故事，每個人聽了，都能記住好久好久。起初，我還以為他們是在上哲學課，但那不是教哲學的史老師的聲音呀。這位老師說故事的目的，是要告訴學生，金錢並不見得是萬能的。一定是艾老師，教心理學的。可是，這明明是個男人的聲音呀。對了，我剛才有沒有告訴你？下課之後，我就跑到走廊外面，你一定猜不到那是誰的課。」

「說說看呀。」

羅拉假裝沒聽見山姆的話，故意不理他，拿起油瓶，倒了一些油到鑊裏。她在等油熱。

「是山姆，」她終於說了：「你相信嗎？是山姆在上課呢。老實說，我並不覺得太奇怪，可是我就是想不通，在一上課的時候，我發誓我聽見他在替福利體系辯護。可是怎麼會是從山姆的口中說出來呢？他明明就是崇拜自由放任的頭號人物呀！他明明就摒棄了社會上的低下階層呀！他怎麼會教學生福利體系的好處呢？結果，到了下課前，還是那個人，還是那個理應是經濟學家的人，卻在告訴學生，金錢並不是那麼重要的，我搞不懂這傢伙耶。我常問我自己，山姆到底是怎樣的一個人。」

山姆微笑著喝了一口啤酒。「山姆是一個可以一次用一大罐義大利麵醬，和著一大堆義大利麵來吃的人。今晚，他是個幸運的男人。」

「這是不必懷疑的。可是，你真的很喜歡福利計畫嗎？」

「我說的答案不合妳意，妳不會不煮飯吧？」

「說不定哦。」

「事實上，我並不特別推崇政府的福利計畫。」

「這就是了，」羅拉拍一拍手，假裝不悅地說：「我不煮了。」

「不要啦，」山姆哭喪著臉說：「大小姐，我回去就把亞當．史密斯的領帶給燒了，每晚都用功猛K狄更斯，好嗎？」

「好吧，我就放你一馬，你吃飯的時候再解釋好了。」

鑊裏的油已經熱了，羅拉快炒雞肉，再把它盛出待用。接著她再熱了一些油，並且撒下大蒜和乾辣椒，剎那間，廚房裏充滿了辛辣的香氣。接著，羅拉倒進了青花菜和紅蘿蔔。快炒數分鐘之後，她加進了米醋、白酒、醬油、黑胡椒粉，等蔬菜即將熟透時，她把雞肉倒進去，再翻炒一下。山姆全程站在羅拉的身邊，欣賞她精湛的廚藝。對山姆來說，這並不完全像上次她為自己朗誦〈優里西斯〉的美好經驗，但也相去不遠。

羅拉把山姆帶到餐廳，準備用餐。她把燈調暗，點亮兩根蠟燭，再把食物端上。山姆餓極了，好想馬上拿起筷子夾菜就吃了，但還是忍下來，等她坐下來開動。

「我敬你。」羅拉舉起酒杯說。

「謝謝。」山姆回答。

他們喝了一口酒。「等一等，」羅拉突然站起來說：「一下就好。」

她走到客廳，接著就傳來法蘭克．辛納屈的歌聲：「有了妳，我感覺好年輕。」

「這真是一份厚禮。」羅拉坐下來時，山姆告訴她。

「你是說我的菜還是我的音樂？」

「是妳。菜和音樂都是調味料而已。」

他們一面用餐，一面天南地北的聊，談學校、談和學生相處之道。羅拉再次替山姆添飯，也替自己添了一碗。

「喂，你覺得福利計畫哪裏出問題了？」羅拉終於問道。

山姆看著她的眼睛，而她則在等他開口。在他的眼裏，他依然看到一張願意接納他人意見的臉，這張臉就跟上次他在她家看到的並無二致，她是如此地充滿活力以及好奇心。他好想不理會她的提問，換一個話題，問她中國菜、或者是歌劇、義大利的鄉間等等——甚麼都好。他突然發現，多年以來，他第一次那麼在乎別人對他的想法。就在這一剎那，他遲疑了。有沒有甚麼辦法，在表達自己看法的同時，也不要讓她覺得自己是個怪物呢？打從甚麼時候開始，他突然擔心起自己的表現來了？這……太奇怪了！

「妳先說吧，」他冒了個險。防衛式的策略似乎比較有勝算：「妳先告訴我妳對福利計畫的看法吧。」

「我的看法很簡單，我看到有人餓肚子了，就想讓他們有飯吃；我看到有人無家可歸，就想讓他們有一片屋瓦；我看到有人生病了，就想讓他們痊癒。」

「我的看法卻比較複雜。你是知道的，我很喜歡看到有人餓死。我有沒有告訴過妳，我有一次坐地鐵的時候碰到一個女的，還被她說我壞心眼，對嗎？」

「不對，是邪惡。」

「啊！是邪惡。可是反對免費提供窮人健康福利，不代表反對提供窮人健康福利。反對貧民救濟中心，不代表喜歡有人挨餓。」

「聽起來差不了多少嘛。」

「我反對的是，政府解決這些問題的方法，可是我也不相信自私有甚麼美德可言，或者是資本主義能治百病、能二十四小時不停提升每個人的生活水平。我也很想改善社會上的窮困現象，但我不希望看到政府干預。」

「假設政府真的關閉了所有的貧民救濟中心，你覺得那些有財有勢的人會突然『覺今是而昨非』，開車到貧民區，把他們載到自己家吃飯嗎？」

「話是沒錯，不會有太多人這麼做。可是有些人會捐錢給一些專門餵飽他們的福利機構，有些人則會捐錢給一些提供食物以外援助的機構。有沒有聽過邁蒙尼德（Maimonides）這個人？」

「沒有。」

「他是十三世紀的猶太裔哲學家，也是我最尊崇的希伯來學派的典範。邁蒙尼德很清楚知道，做善事是『施』與『受』兩方之間的交易行為，他對這兩方都抱持著某種憂慮，一方面他希望施捨的人心存正念，另一方面他也希望受惠的人擁有自尊。邁蒙尼德說，根據猶太的律法，行善表現到最極致，是施捨的人透過饋贈、借錢或者是其他方法，使得受惠者能夠在生活上自給自足。套句老話，就是『與其餵魚給他們吃，不如教他們怎麼釣魚』。」

「餵他們魚，得以果腹一天；教他們釣魚，一輩子都不致挨餓。」

「沒錯。邁蒙尼德也強調，『施』與『受』兩方都必須隱姓埋名，以維護前者的善心，以及後者的尊嚴。剛才說到行善的最高標準，至於低標是甚麼呢？就是施捨的人給得心不甘情不願，而且『施』與『受』雙方彼此都認識。我想邁蒙尼德覺得受惠者知道自己倚靠著誰過日子，心裏會很難受；他也覺得這樣會對施捨者造成心理壓力。我從他身上學到三件事：第一，行善的目的是要培養他們獨立生活的本事。第二，我們一定要維護受惠者的尊嚴。第三點，也是我們最常忽略的一點，就是施捨者的一番美意。儘管做善事比一點善事都不做要來得好，但是，最理想的做法還是樂善好施，而不是被他人逼迫，而不得不這樣做；最理想的做法是先問過你肯不肯給，才叫你去給；最理想的做法是因為同情他人而給，而不是誇耀有人非得靠你才活得下去。邁蒙尼德是因為這些原因，才覺得兩方都要隱姓埋名。所以說，請乞丐回家吃飯固然是件好事，但幫助他自給自足應該是最好的做法。我期待私人慈善機構能夠經營貧民救濟中心，也希望它們能夠設法幫助需要幫助的人重新站起來，在生活上自給自足。」

「在生活上自給自足？他們不就是需要錢嗎？你不是常說我們都知道自己最需要的是甚麼。不如就給他們錢，讓他們去搞清楚自己要的是甚麼。他們會比慈善機構更不了解自己的需要嗎？」

「對呀，如果妳缺錢，看來錢就是最好的解決方法。可是邁蒙尼德會說，最棒的方法還是設法讓他們自給自足。如果他喝醉了，他更需要清醒而不是金錢；如果他運氣很糟，那他的確需要錢，但可能只是暫時調調頭寸而已。如果他因為沒甚麼技能而無法在社會上好好過活，那就必須幫他提升教育程度。我們來想像一下兩種不同的慈善機構。第一種姑且稱它為『以偏概全式慈善機構』，它們的座右銘是：『一種尺寸、人人合身』。第二種則是『為你而設式慈善機構』，它們的座右銘是：『人人皆不同』。如果妳是低收入戶，前者不會探究原因何在，只一味給妳錢。至於後者呢，它們會視個別情況而定。它們的社工會來了解妳，根據妳的需要再來考慮要怎麼幫助妳。妳會捐錢給哪種機構呀？」

「當然是『為你而設式慈善機構』。」羅拉回答。

「可是妳辦不到，因為世界上沒有這種機構。『以偏概全式慈善機構』倒是有的，它真正名稱是『健康與人類事務部』（Department of Health and Human Services，編按：美國某一政府機構）。政府辦的福利計畫都是因為法律規定而存在，它們的運作十分僵化，沒有一個政府官員可以視乎個別窮人或病人的需要，而分別提供貧民救濟中心，或者是金錢援助。在這種情況下，『以偏概全式慈善機構』無疑最能減少受苦人數。但是，說到要培養受惠者的獨立自主，那就是一項非常糟糕的機制。」

「那你為甚麼要給飛毛腿阿弟錢？」

「因為我只給他一塊錢而已呀。這一塊錢幫不到他甚麼，我只是同情他，想讓他心情好一點，也可以拿錢去買個喝的，這只是比嘴巴講講好一點。但是，完全不靠政府資助的私人機構，除了能送上食物之外，還可以做得更多。如果有機構懂得怎麼去幫他改變一生，我很樂意多捐一點錢，而不單只是一塊錢而已。所謂集腋成裘，能夠把我的錢和其他人的錢集合起來，再去行善，才能把社會變得更好。」

「可是，如果你想讓飛毛腿阿弟的生命，來個一百八十度的大轉變，給他現金不就得了嗎？你不是說過，如果你想幫騎摩托車的人省下大筆的醫療支出，硬性規定他們戴安全帽不見得就是唯一的辦法。我們現在討論的狀況似乎也是一樣。如果你要幫阿弟，你捐了多少錢似乎並不重要。你就根據他的需求，給他錢就是了，管他是要去買醉，還是做甚麼，都隨他去吧。當然，如果他選擇改變自己的生活方式，那更好。」

「我看到別人受苦，會慷慨解囊，可是，我自己會先設一個底線。我不會不看他們窮困的原因，就隨便保證他們都能過得很好。我希望先去探討每個人的個別情況，再去提供不同的援助。如果碰到運氣不好的人，一時缺錢了，我會樂於幫助，而且沒有任何附帶條件。最重要的是，可不要把安全網錯當成吊床，前者只管提供多一層保障，後者是全然的依賴。政府最會做吊床了。為了要培養他們能完全獨立生存，我們應該成立『為你而設式慈善機構』。」

「如果真有你說的那麼好，為甚麼會沒有這種機構呢？」

「如果『為你而設式慈善機構』要募款，它必須說服妳去捐兩次錢。第一次是妳繳的稅，其中有一部分已經被政府拿去經營貧民救濟中心、租金補助計畫、以及醫療補助。妳願不願意出了這些錢之後，還要多捐錢呢？基本上，這是政府壟斷的事業，如果政府願意放棄接濟窮人的使命，『為你而設式慈善機構』就有機會為大眾服務，而且它也不會是壟斷式的單一機構。

社會上將有許多類似的機構彼此競爭，換句話說，捐款的人和窮人都擁有更多的選擇。在救濟的方法上，也會出現更多的創意。也許有些機構只想單純送錢出去，它們的募款可能會因此變得困難重重；有些機構補助窮人的時候，也許會有些附帶條件，但這樣做將吸引不到『客戶』上門。最棒的慈善機構就是能滿足『施』與『受』雙方的要求和需要，我們將因此擁有更多的救濟計畫，比現在的政府措施多得多。有些私人慈善機構會聘請就業輔導人員，有些則會提供臨時的援助。誰知道他們會想出些甚麼新點子呢？」

「這樣的制度能籌到夠多的錢嗎？我認為大部分人都是自私的，而繳稅是唯一能擠出他們的錢，去幫助窮人的方法。想要癡癡地等有錢人開支票，這根本不實際。喂，你是不是在替那些人狡辯，假藉做善事、幫助那些好吃懶做的窮人，然後就和有錢人一起反對納稅吧？」

「嘩！妳的想像力真豐富，」山姆說：「我可不會替任何人狡辯的。」

「那麼你就是他們的爪牙。你是不是在侍候那群因為不想出錢做社會福利，因而反對社會福利的有錢人呀？你不覺得自己的看法，和那些自私的人沒有兩樣，因此懷疑過你自己？」

「我從來沒有這樣想過，聽起來還蠻恐怖的啊。」

「那就委屈你在我收桌子的時候，好好想一想吧。」

「我來幫忙，一邊幫忙一邊想，更好。」

其實，山姆的嘴巴正在冒火，他的味蕾從來就不曾為了辣椒而活著。不過，他看見羅拉拿出兩小碗覆盆子霜淇淋出來，火馬上就被撲滅了。他跟著羅拉走到客廳，羅拉隨即把音響的音量調低。

「也許妳是對的，」等到他們都坐在沙發上時，山姆馬上說了：「我的確是——所謂『自私』（selfish）的好朋友，這一點真是瞞也瞞不住。難怪有時候有人會批評我沒有善心。他們一味以為，我反對透過稅制來逼迫他人捐錢，就是反對幫助窮人。可是我不是妳口中所形容的自私的有錢人，我樂於幫助窮人。我不想看到有人餓肚子，我只是覺得逼他人捐錢是不對的，即使他是自私的人。如果我們想要構築一個更美好的世界，我情願想辦法讓自私的人產生同情心，而不是利用國稅局去逼他們捐錢。更糟糕的是，善心人士確信捐錢是對的，而且他們一切行為都是心甘情願的，但是，國稅局利用逼迫的手段，徹底破壞了捐錢的滿足感，更讓人變得麻木不仁。人性中有極強烈的占有慾，我們都想保有屬於自己的那一片天空。要克服這種慾望，學會和別人分享所得，可說是生命中的一大課題和挑戰。一個由私人慈善機構行善的世界，讓我們有機會表現自己的修為，而政府掌握了慈善事業，則讓我們都變得無動於衷。」

「這想法的確很好，山姆。可是，如果大部分人都沒有同情心，你難道要犧牲那些正在受苦受難的窮人，慢慢等其他人變得有同情心？你不是告訴過艾美，如果政府取消了福利計畫，私人機構將不可能籌到相當於政府支出的福利經費嗎？」

「艾美，」山姆眼珠子滾動了一下：「她比教宗還篤信天主教。」

山姆自比為教宗，逗得羅拉哈哈大笑。

「有時候，她吹捧自由市場連我都受不了，」山姆繼續說：「最少她表現出來就是如此。

我故意和她唱反調，好讓她多思考，所以妳才聽到我在維護福利計畫。」

山姆停了一下子，欣賞著辛納屈悠揚的歌聲，唱著〈緊緊擁你入懷〉（I've Got You Under My Skin）的其中一句：「妳不知道嗎？小笨蛋，妳永遠都贏不了我。」就在這一刻，他迷糊了。他不知道為甚麼要和羅拉爭辯窮人的問題，而且表現出一派正人君子的模樣。

「喂！」

「抱歉，我們談到哪裏了？」

「我想知道為甚麼你告訴艾美說，私人機構籌不到相當於稅制規定的福利經費，去幫助窮人。」

「妳聽到的沒錯，如果我們刪除了福利經費，那麼不管社會上有再多的善心人士，我們也許都不會籌到那麼多錢去幫助窮人。」

「為甚麼呢？」

「如果人們知道還有其他人在捐款，某些人就會捐得比自己預算的還少，有些人甚至索性不捐了。因此，跟課稅比起來，捐款的總金額可能就比較少了。所以說，稅制有好有壞，好的是能徵收很多『善款』，壞的是造成壟斷經營。」

「我們不能先用稅制募款，再委託私人機構去決定如何運用這些錢嗎？」

「這也許是改善目前體制一個可行的方向。你失去的是那些心甘情願捐錢的人，妳也製造了一個政治問題：我到底該把錢撥給哪一個慈善機構才好呢？所以說，即使私人機構籌到較少的錢，我還是情願選擇全部由私人經營的慈善機構。」

「我懷疑善款不單是少很多，而是根本沒有。人們早就在捐錢給自己喜歡的慈善機構了，如果政府停止課稅來救濟窮人，你認為人們會從哪裏生出錢來捐給那些新的慈善機構呢？」

「如果政府停辦社會福利，目前正在接受救濟的窮人，生活會過得更辛苦。但我想一定會有好心人願意照顧他們的。你看看我們的教育就知道啦，在那些中低收入社區的公立學校，讓教育當局多難堪呀，真是徹底的失敗。為了給住在那裏的小孩一個機會，人們開始捐錢設立獎學金，讓他們就讀私立學校啦。」

「你是說教育券（voucher）嗎？」

「妳可以把這些基金想成是教育券——是人們自己掏腰包拿出來的，而不是從稅收而來。結果呢，他們辦學校就可以擺脫政治干預，或者是教會、州政府等等的因素。譬如說，他們補助就讀私立學校的一半學費。」

「為甚麼只補助一半的學費呢？」

「要求家長付至少一半的學費呀，這樣才會讓他們有責任感，並且承諾要培育下一代。我起初以為公立學校不必競爭，自然就會有學生上門，如此一來，它們的教學品質不好不壞。現在，我想這只不過是問題的冰山一角；至於另外的問題是，公立學校是免費的，換句話說，父母永遠都不必掏腰包。然而人們都覺得，要花錢買的東西才是最寶貴的。如果教育券的基金是來自稅金的話，那麼提高教育券金額的政治壓力將永遠存在。妳曾質疑有錢人的良知，我就告訴妳，有兩位非常有錢的人，泰德．佛斯曼（Ted Forstmann）和約翰．華頓（Jchn Walton），就曾經捐了一億美金給這一類的基金會。還有一些沒那麼有錢的人，對了，其中還包括我，也都捐了錢給這一類的基金會。由於人們普遍都對中低收入社區的公立學校感到失望，他們都願意在繳稅以外，再捐錢去補助這些學校。如果我們要打擊貧窮，還有甚麼方法會比教育窮人家小孩，來得更有效呢？」

「你舉的例子很好，可是我不覺得你特別相信私人的慈善機構。」

「我一點都不相信官僚制度。我們目前正在實行的體系，是一條通往地獄的大道。在眾多福利制度與公立學校之間，試問我們已經摧毀了多少小孩子？非得試試別的方法不可。」

「我們不是已試過你所說的方法嗎？它叫做『過去』，而且也已徹底失敗了。政府不就是因為這樣，才要在三〇年代經濟大蕭條時期，推行福利計畫嗎？」

「那只是個神話而已。早在經濟大蕭條之前，州政府和地方政府早就已經在推行福利計畫了。那個時候，我們還有很多私人機構幫助窮人。問題是，在經濟大蕭條時，聯邦政府介入干預，大做慈善事業。就好像那種『以偏概全式慈善機構』，政府把私人機構都趕走了。後者在三〇年代根本籌不到錢，最後終於宣告破產。」

「也許那時候的人沒有能力資助它們吧；也可能經濟大蕭條重創了那些有錢人。」

「也許是吧。可是以目前的情況來看，私人慈善機構比起三〇年代，更有機會做得更好。我們比以前有錢得多，今天，全美國的私人慈善機構收到的善款共計有一千億美元之多。」

「那麼情況怎麼沒有改觀呢？你剛才說過，福利計畫沒甚麼機會能作出重大革新，可是一千億耶，總該想出些好點子來吧？」

「話是沒錯，可是在這一千億之中，只有少部分的錢是拿去接濟窮人的。其餘則已撥去發展宗教、健康、藝術以及教育事業了。」

「宗教團體不也是在幫助窮人嗎？」

「其中有些是在幫助窮人，大部分則是在補助其他宗教組織，興建建築物、或者是其他宗教活動。假設一間教會想要利用善款來幫助單親媽媽，由於稅金中已撥出了預算，來救助這群人，所以，捐錢的人會問，為甚麼我捐的錢要花在同一群人身上？在今天的社會上，私人慈善機構幫助的人，是活在政府福利計畫縫隙中的邊緣人，比如說，街友。那些地址不詳的人，也沒有那種心智去排隊、填表格、和政府官員打交道。可是，把政府援助趕出了社會之後，利用新方法去幫助窮人的私人機構，將有機會像私人的獎學金一樣蓬勃發展。可是妳想聽實話嗎？」

「山姆，我只想聽實話。」

「我可能是錯的，這麼做也許是行不通的。私人慈善機構不見得比政府更能培養人們獨立自主的能力，說不定還會把事情搞砸，因為他們沒有辦法籌到足夠的善款。」

「這是第一次呀。也許我該把你這段話錄下來。我好像在哪裏偵測到一些灰色地帶？怎麼山姆的世界觀裏居然還有一些模稜兩可、不太確定的地方？」

「是呀，沒想到吧？貧窮的確是個難題，我們永遠都提不出最好的解決辦法。我們可以幫助他人不要走上絕境，可是，金錢不能改善一切。唯一的解決辦法就是隨著時間流逝，讓資本主義發揮它的作用。」

「資本主義正是貧窮產生的根源呀！你也不得不承認，它並不能夠解決收入不均這個問題吧？」

「如果妳的目標是平等主義的話，妳的論點是成立的。要達成妳的目的，妳要讓極權主義政府把不願意配合的人，統統關進勞改營去服役。而且，即使如此，蘇聯的共產主義也在『有產』與『無產』的人民之間，製造出一道極可怕的、無法跨越的鴻溝。黨高幹過得好像皇帝一樣，而餐風露宿的人則要等上好幾年，才等得到一間小小的公寓。相對來說，資本主義卻空前成功地摧毀了貧窮，這真是一個諷刺。」

「你怎麼可以這麼說？離這裏十哩以外，就有人活得很辛苦耶。」

「那是因為妳只看到目前這一刻、這一個時代。妳必須回溯好幾代以前——就說我爺爺好了。他十二歲的時候就輟學，外出工作幫忙家計。從那時候起，他就沒有機會再正式上學了。其實，他的一生都過得很艱困。在經濟大蕭條期間，他經營的事業破產了，因此，他必須放下身段，和老婆孩子搬去表哥家住了兩年。之後，他當起了小販，把車後廂當成小攤子，擺放一些床單、燈具、布匹之類的東西，賣給田納西州孟斐斯市的窮人，這工作他做了一輩子。他每天長時間工作，收入卻有限，而且工作本身根本沒甚麼挑戰性可言。妳可以用多少種方法來形容床單的優點呢？他晚上在家看莎士比亞，埋怨這個世界，到了白天，又要爬上車，忍受夏天的酷熱、冬天的嚴寒、不付錢的顧客；最糟糕的是，他對生命不滿——原本可以擁有的美好生活，他卻從未擁有。」

「這是一個典型的美國悲劇。」

「我不認為爺爺會這麼想。」

「他還在嗎？」

「他過世好多年了，我只是打個比喻這麼說而已。在那個年代，有好幾百萬人都好像我爺爺一樣，有些在礦坑、有些在紡織廠做工，其他的就在新蓋好的生產線上班。這些男人——的確大部分都是男人，每天都要工作十到十二個小時，每週工作六天，甚至是七天。」

「社會把他們給吞噬了，再把他們的骨頭吐出來。」

「看起來的確是這樣。如果我們是生在那個年代，我們又能替他們做些甚麼呢？除了艱苦地活下去之外，他們還有其他選擇嗎？我們可以拿錢給他們紓困，可是那些錢卻不可能從天而降呀！我們可以立法規定較短的工時，以及更好的工作環境，可是這就表示錢少賺了、工作機會少了、生產力也低了。如果我們徹底去做，想盡辦法保護那個年代的人，讓他們免於經濟窘困，他們就不會那麼苦，但是，我們也摧毀了上一世紀奇蹟般扭轉了美國命運的經濟成長。因為我爺爺拼老命地工作、辛苦存錢，他的兒子，也就是我的爸爸，就可以上大學，也不必像爺爺一樣一輩子做牛做馬。妳知道是怎樣的情形嗎？當年的政府拒絕撐開保護傘，為我爺爺和像他一樣的人遮風擋雨。當然，這樣做難免有人被犧牲了，但畢竟還是有收穫的。所謂『前人種樹，後人乘涼』，老一輩的付出，造就了今天的我們。沒有他們的努力，就沒有我們今天的富裕。我爺在世的時候，就像是制度的受害者，可是，經過這麼多年之後，歷史又賦予他生命嶄新的意義。」

「再怎麼說，這也改變不了你爺爺命苦的事實呀。」

「他養家活口，也給了孩子成功的機會。他的一生碰到過絕境，但是，有沒有其他的辦法，可以減少他一生的艱苦，同時，也保留我們今天舒適的生活呢？我認為不可能做到。爺爺一輩子辛苦奮鬥，最後還是有成果的，至少他很幸運，能夠活得夠久，看到自己的兒子和孫子都學有所成，經濟狀況也還不錯。那是他一生夢寐以求的心願。以他那麼愛我爸爸、我、還有其他的孫子孫女，他一定會覺得一切都是值得的。」

「我認識的朋友裏，好像只有你能夠『化悲憤為力量』啊。」

「推行資本主義，當然會涉及到人性的掙扎，但是，資本主義也隱藏著一顆『看不見的心』，規律地跳動著。如果妳肯給它一個機會，它將會逐漸改變人類的生活；如果妳的目光能夠放遠一點，妳的看法將會大大的改觀。」

「我不曉得。你說你不會替自私的人狡辯，可是你現在不就是在說，要讓窮人自生自滅，因為命苦也是一件很值得驕傲的事？」

「我不會用浪漫的眼光看待爺爺日復一日的生活，還強說它是一串很甜、很好吃的櫻桃，因為這並不是事實。我只是認為那些苦日子激勵他和我爸爸更加勤奮工作。我也不是看不出『命苦』和『厄運』之間的差別。加爾各答的乞丐和美國的窮人之間，就有很大的差別。前者是一種社會階級，他一生之中永遠不可能提升自己，至於後者的命運，則是可能大逆轉的。美國開國以來，這種力爭上游的故事，不是一直重複地上演嗎？而且我們也掌握到了一個祕密：在美國，只要你認真工作，再加上不錯的學歷，妳就會有出頭的一天。」

「長遠來看，資本主義的確是可行的。可是，我們總要面對當務之急吧？你不覺得它產生了許多不平等的現象嗎？」

「我不懂妳的意思。」

「你當然懂啦。窮人愈窮、富人愈富呀。」

「妳只是道聽塗說罷了。」

「你不覺得這是事實嗎？」

「我不清楚。人們評估不平等現象時所用到的數字，都隱藏著許多問題。很多時候是為了達成自己某種目的，才去製造一些假象出來，企圖魚目混珠。據我了解，如果妳真的覺得不平等現象是很不好的，最可行的方法是改善對窮人子弟的教育制度，這樣做才能發揮真正，而且影響深遠的功效。我捐錢給私人的獎學金基金會，也是因為這個原因。」

「那些沒有受教育、或者是缺乏職場道德概念的人又該怎麼辦呢？還有種族的問題又該怎麼處理？不是每個人都能夠奮發圖強的。你就這樣坐等他們改變態度，甚麼也不做嗎？」

山姆突然從沙發跳起來，開始來回踱步，說話好像連珠炮一樣，羅拉怔住了。

「甚麼也不做？我也不想看到有人餓死呀，也不想看到有人生病也沒錢看醫生。我不是說過嗎？我絕對肯定慈善事業對社會的貢獻。如果政府沒有經營貧民救濟中心，我會捐錢給那些負責食物補給的私人慈善機構，確定沒錢的人也不至於餓肚子。如果政府沒有辦健保計畫，我會捐錢給那些生病、又看不起醫生的窮人。妳不也會這樣做嗎？」

「當然當然，我只是不確定像我們這樣的人會不會只有幾個。」

「我想會有好幾百萬吧，而且也會造成一種現象：人們會激勵自己努力面對經濟的動盪，有更多的機會自力更生。我認為一定要減少社會的苦難，但不贊成非替他們撐起這把大傘不可。也許我的想法是不可行的，可是我們應該要把它訂成目標呀。生命要努力奮鬥、生命要有所成就、生命中必定會遭逢失敗、生命就是跌倒了要爬起來，再試一次。」

山姆說到這裏，突然停下來了。「〈優里西斯〉的最後一句是甚麼？」他問道。

「『冒險、犯難、往前衝，絕不放棄』。」

「是的，這是生命真正的意義。」

羅拉驚奇地搖搖頭：「你是個理想主義者，是嗎？」

「是嗎？我不知道。可是我確定一件事，絕對沒有任何灰色地帶——妳的確是個很棒的廚師。」

時間不早了，他們兩人都要休息，山姆也該回家了。儘管羅拉堅持不要山姆幫忙，山姆還是洗了碗盤。他再次稱讚食物非常可口，以及感謝羅拉的邀請。他拿起了背囊，走到門口後，轉身面對羅拉。

「妳星期四晚上有空嗎？」他問道：「我們一起再吃個晚飯吧？」

「對不起，山姆，那天剛好有事，」她回答後察覺到山姆的失望寫在臉上。她猶豫了一下，接著說：「不如這樣吧，你來我家和我幾個朋友一起吃飯，好嗎？不過，我得要警告你啊，那天晚上可能會考驗你的耐性。不過，我真的希望你能來。」

「是個晚宴派對嗎？妳大概已經了解這可不是我的強項啊。」

「吃飯不是我們的重點，我會簡單準備些吃的。至於那晚要做甚麼，我暫時保密，你到時自然會知道。不過不必擔心，很好玩的。」

山姆開始想，她到底葫蘆裏賣甚麼藥呢？討論珍．奧斯汀？還是卡爾．馬克思？有太多的話題都會考倒自己的耐性呀。

「幾點呢？我來之前會先吞幾顆鎮定劑的。」

羅拉大笑：「八點半。」她停頓了一下，繼續說：「山姆，我能問你個問題嗎？」

「可以呀，問甚麼都可以。」山姆看到羅拉的眼神變得溫柔了，他知道羅拉會問他一些比較私人的問題，而不是只問他對社會福利的意見，或者是單純問星期四晚上有沒有空。

「你被革職了嗎？」

山姆還是被這問題嚇一跳，他不知道該怎麼回答。

「對不起呀，」羅拉說：「我知道這不關我的事，我在學校聽到一些謠言——」

「對呀，我被革職了，」山姆終於平靜地回答：「最少目前是這樣。我有權聲請召開公聽會，要求上訴，駁回這項決定。公聽會的日期已經訂下來了。可是，說實在的，我還沒有決定要走這一遭，還是要把它取消。」

「山姆——」

「不必擔心，」他一邊說，一邊走到大門口：「這件事和性醜聞、毒品、還是甚麼不那麼刺激的事，一點關係都沒有。我絕對不是個怪物，我相信妳一定會站在我這一邊的。」他審視羅拉的臉，希望能提早覓得一絲的認同感。「我答應妳，這件事告一段落之後，我會一五一十告訴妳。」

「一定不會有事的。」她盡量用自信的聲音說。

她錯了，山姆心想。可是，看著羅拉的深情款款，他找到了自己目前最需要的信任和安慰。就在此刻，山姆情不自禁地擁她入懷。羅拉抬頭看著他，她的雙唇是如此柔軟、香甜，山姆始料未及。

16 解密

時間已經快到深夜十二點，艾莉卡仍然坐在飯桌前，努力敲著電腦鍵盤。不久後，她拿起擱在桌上的筷子，從一個白色的外買盒裏，夾一塊雞肉送進嘴裏。接著，她吸一口氣，站起來。關鍵的一刻即將到來，真相要揭曉了。到了這個地步，她也不急了。她走進廚房，從容地泡了一杯茶，然後，再次坐回飯桌前，深呼吸，卻沒做甚麼。好，來吧。她急速敲了一陣子鍵盤之後，整個人往後靠在椅子上，等待答案。螢幕所顯示的數字不斷變換著。

她又再敲鍵盤，等待結果，就在這一刻，她縐起眉頭，露出不解的神色。接著，她再敲一次相同的按鍵，再次等待結果。快點呀，快點呀，當數字正在急速變換時，她喃喃自語。最後，數字終於停頓了，她看了一眼，沮喪地往後倒在椅子上，顯然她等到的是和剛才一樣的數字。她開始焦急了，站起來走來走去。接著，她放慢腳步，猶豫一下之後，突然停下腳步。這樣的神情維持了一秒，突然變成了微笑，又過了一秒之後，「莫非……」她終於想通了，並且愉悅地闔起雙眼，哈哈地笑出聲來。她好想馬上打電話給馬歇爾，但是現在已經夜深了，還是明天一大早再說吧。

後留言，我將盡快與您聯絡，謝謝。」

「您已經進入食品藥物管理局李大衛的信箱，很抱歉，現在無法接聽您的電話，請在嗶聲後留言，我將盡快與您聯絡，謝謝。」

「李博士，我是艾莉卡，現在是禮拜二早上八點零五分，今天第一件事，就是要盡快和你聯絡上，我等一下會再打來。」

☆

艾莉卡掛了電話之後，例行性地胡亂整理一下桌子，她的方法不外是把桌上的文件拿起來，疊到昨天的文件之上，再把這一疊「長高了的」文件放平整。她的屬下也陸續回到各自的工作崗位，她吩咐他們九點鐘要開會。

會議一開始，空氣中就瀰漫著一股興奮，艾莉卡坐在自己固定的位子上，聚精會神地整理著文件。每個人都在低聲說話，期待會議能盡快開始。最後，艾莉卡終於抬起頭來。

「昨天晚上我把這些帶回家，」艾莉卡拿起一疊印著不同數字的文件：「它們是醫學數據。根據李大衛所作的初步研究，我花了一整晚，企圖了解它們有甚麼意義。」

艾莉卡抽出幾張紙，請大家傳閱。

「基本上，整份文件都有一定的格式，」她繼續說：「第一欄是主題序號；第二欄是一個英文字母，不是A就是B，李大衛說這是用藥小組。我推測A組的人用的是藥物，而B組用的只是寬心劑而已。緊接著是兩欄數字，第一欄是『用藥前』，第二欄是『用藥後』。」

「這代表甚麼意義呢？」有人問道。

「這要視狀況而定。昨天我和一個朋友通過電話，他是華爾街的股票經紀人。他告訴我說，市場謠傳健康網正在進行好幾種抗癌藥的藥效測試。因此，如果這真的是一種對抗癌症腫瘤的藥，那麼第一欄代表的是藥物治療前的腫瘤大小，以公釐為計算單位，第二欄則是用藥後的腫瘤大小。一般來說，附錄的最後部分，都會附上一個表，詳細說明藥物的效果。也就是說，它會取用藥前和用藥後的腫瘤平均大小，評估藥物能否讓腫瘤縮小。此外，應該還有一個統計數字，看看腫瘤是不是因為用藥而縮小，還是只是偶然發生的情況。」

「可是我們沒有這個表呀！」馬歐爾說。

「我們的確沒有這個表，」艾莉卡說：「可是我們手上掌握了和它幾乎一樣重要的東西。只要有人有耐性把這六十頁裏所有A和B的數據輸進電腦計算，就能查出藥物是不是有效了。」

在座紛紛七嘴八舌，問艾莉卡研究的結果。

「等等，」艾莉卡繼續說：「昨天晚上，我把這裏兩千筆左右的數據，全都輸進電腦，其中A和B分別有一千筆左右。這樣的樣本數的統計可靠度很高了。我先做B組，沒有效果。第一欄，也就是『用藥前』那一欄的平均值，和第二欄『用藥後』的平均值是一樣的。」

「百分之百一樣嗎？」

「不，並不是完全一樣，也不可能完全一樣。但是一直到小數點後三位都一樣，這表示兩者不具有「統計顯著性」，因此，這樣的差別是因機率而產生，並沒有太大的意義。」

「妳怎麼知道這些呢？」馬歇爾笑著問。

「如果你像我年輕的時候一樣，做過夠多的性別歧視的個案，你難免就要學點統計學了。言歸正傳，我猜B組用的是寬心劑，然後我就開始輸入A組的數據了，A組的人應該是有用新藥的。我查看了一下平均值，不對呀！這結果是一點道理都沒有。我還以為自己按錯鍵，還是指令下錯了，所以我就再輸入一次，怎麼結果還是一樣呢？『用藥後』的數值居然比『用藥前』還大！換句話說，這種藥能讓腫瘤變大。你們可以想像我那一刻有多驚訝嗎？可是我又再想，這些數字是從哪裏來的呢？那個寄包裹的人說，本來有人想要銷毀這些文件的，我想，像健康網這樣唯利是圖、不擇手段的公司，發現自己治癌的藥反而會讓病情惡化，不銷毀證據才怪呢。」

「妳是說健康網正在開發一種連自己都知道有危險的藥？這好像沒甚麼道理呀！」有一位職員這樣說。

「沒錯，換作是你和我都不會這樣做，可是，如果是健康網的話——就不一定了。你注意一下最近的股票行情，健康網上個月的股價上升了一五％，我之前提到的那位股票經紀人就說，這是因為它放消息，透露它研發的新藥正在進行藥效測試，而且結果非常樂觀呢。換個角度來看，如果這種藥失敗了，永遠都沒有辦法上市，健康網的股票馬上就會大跌。你想想看，健康網的高層會不會因為股價的壓力而做些不法的勾當，譬如說，銷毀對自己不利的文件？」

「妳可能猜得沒錯，可是到目前為止，這也只是一種猜測。」馬歇爾說。

「我也是這麼想。下午我會再打個電話給李大衛，他會證實到底這種藥是不是健康網拿去送檢的。說不定他已經收到一份和這個報告內容不符的假報告，讓藥效看起來很成功。無論如何，我們可能可以藉這個機會釘死健康網，釘死查爾斯。」

辦公室頓時爆發出興奮的對話，這麼多年以來，他們努力蒐證，等待的就是這個機會，讓不法商人束手就擒，伸張社會公義。如今案情總算有了突破性發展，他們大功告成的一天，似乎就要來臨。

經過一陣喧囂之後，辦公室終於靜下來了，職員們各自散去。艾莉卡再次打電話給李大衛，當那一端接起電話的時候，她再也無法按捺興奮。

「您好，我是李大衛。」

「大衛，我是艾莉卡。我們昨天不是有談過藥物測試報告嗎？喂，後來我還有更重大的發現啊。」

「啊？是嗎？」他語帶猶豫、不確定的感覺。

「我不是寄給你一些文件，上面沒寫甚麼公司名稱，只有……」

「我記得那些文件，」李大衛回答得很謹慎。這男人怎麼搞的？艾莉卡已經認識他十年了。

「你能不能憑上面的號碼確認那是健康網的文件呢？」

「可以，看起來應該是沒錯。」

「那真是太好了。我跟你說，我已經分析過這些數字了，這其中的玄機實在是——你想也想不到的。你甚麼時候有空？要不要我待會兒拿過去給你看看？」

「為甚麼要看？」

「要去國會作證呀！我們手上握有重要證據耶！可是我沒你幫忙成不了事呀。」

「我想我幫不了妳甚麼忙。」

艾莉卡聽到他的回答，當場楞住了。可是，她還是要設法說服對方。

「不是啦，我知道在健康網的正式報告出來之前，你是不能談些甚麼。我只是需要你為這些文件作證而已，就是那份匿名人士寄給我們的東西呀！那些數字到底是甚麼，我會拿過去給你看呀。我只是想請你證實文件是屬於健康網的，然後再概括談談數字背後的意義。」

「對不起，我還是沒辦法幫妳作證。」李大衛的語氣不帶任何感情，更透露出一絲倦意，這種態度比尖酸刻薄的回答更教人不安。他是李大衛博士，他當然可以利用專業的科學方法，去證明藥物是否有效呀。

「大衛，」艾莉卡脾氣來了：「你到底怎麼了？」

「沒甚麼呀，」他平靜地說：「時機還沒成熟，我可不想淌渾水而已。我只知道這份文件也有可能是造假的，說不定是健康網的敵人寄給妳的，利用妳去打擊它們。如果妳能證實消息來源，妳再來找我吧。」

「可是，大衛……」

話筒傳來單調的嘟嘟聲，李大衛居然把電話掛了。這事有蹊蹺……艾莉卡不禁如此猜測。沒錯，她不能否定李大衛的講法，這份文件的確有可能是假的，可是他的聲音……除了小心翼翼之外，似乎還有難言之隱，而且這通電話給她的感覺是，即使她真的能夠證實消息的來源可靠，他也不會出庭作證的。單就他出庭與否這件事來看，其實並不是那麼重要，因為艾莉卡還可以找到其他專業人士來助一臂之力，只是其他人的證詞也許沒有李大衛那麼夠分量罷了。最令人費解的，卻是他說話的語氣和態度……他們都有十年的交情了，怎麼一下子變得那麼生疏？

一定是有人對他放了些甚麼話，這是唯一合理的解釋。那個人來自健康網，而且他不是拿著一根紅蘿蔔，在李大衛面前揮來揮去，就是拿根棍子在追打他。說不定是一位被查爾斯收買的國會議員，恐嚇著要刪他的實驗經費。也許這位議員早就在替查爾斯為非作歹，就三言兩語暗示些甚麼……可能還沒暗示那麼複雜呢，就隨便說一句：「李大衛呀，我們可會對你的實驗室盯得很緊啊！」李大衛就沒轍了。艾莉卡一下子就明白了，食品藥物管理局將不會有人出面對這份文件作證，否則整個局就等著被嚴密監督。

這麼說來，健康網裏有人知道有機密文件外洩了，而且還知道有哪些文件不見了，以及它所代表的意義。換句話說，李大衛辦公室裏早就佈有健康網的內線……糟了，洩漏消息的人，不就會有生命危險了嗎？該怎麼警告這個人呢？

艾莉卡拿起話筒，打算找馬歇爾進來一起商量，該怎麼找出這位好心的匿名人士。可是她想了一下，又把話筒放回去了。

萬一「寄生蟲」不是在李大衛辦公室，而是在自己這裏呢？不可能的，艾莉卡心想。可是，她的理智告訴她，天底下沒有甚麼不可能的事。身為企業責任辦公室的總監，她看過多少傑出的人才都逃不過金錢的誘惑，因為一時的貪婪而泯滅良知，做出見不得人的勾當。她身經百戰，再也沒甚麼事值得她大驚小怪。即使是她的夥伴走漏風聲。即使是她的心腹馬歇爾走漏了風聲……。馬歇爾，是的，的確是不太可能，要說絕對不可能嗎？那也不見得。艾莉卡回想剛才馬歇爾在開會時的表現，他看起來再正常不過了。他曾問過艾莉卡怎麼會知道那麼多統計學的知識，當然，他也只是在逗笑而已，而不是語帶挑釁；至於在其他時候，當他發問的時候，也只是在扮演魔鬼代言人的角色。魔鬼代言人，這個念頭蠻可怕的。艾莉卡得自求多福了，她必須盡快找到提供資料的人，而且要愈快愈好。有人的性命危在旦夕了，有沒有辦法追蹤得到這個源頭，設法去警告那個人呢？

關於這件事，艾莉卡是絕對辦不到的。這就是匿名線索美麗與危險之處。就在這關鍵的一刻，她是無法得悉，希瑟正在貫通喬治城和維吉尼亞市的運河公園裏，快活地騎著腳踏車。

☆

希瑟自由了，她擺脫了健康網的束縛，憂慮也隨之一掃而空。辭職至今，她甚至還沒決定要找甚麼工作呢。這一週來，她已經三度到訪這條公園小徑了，儘管走起來還蠻費勁的，但她悠然自得。和城市比起來，郊外實在是美多了，到處都是綠油油的花草樹木，空氣也清新多了。趁著這難得的空檔，身處美麗的大自然，她得要好好思考自己未來的人生方向。

運河流到這一區，顯得特別幽靜，除了遠方幾座農場之外，既沒房舍，也沒人煙。希瑟一個人在小徑上騎著腳踏車，如果她能看得夠遠的話，她其實可以看到在她身旁空盪盪的馬路上，有一部車正遠遠地朝著她而來。空氣中散發著芬芳草香，微風吹拂著她一頭金色秀髮。也許她該待在華盛頓，那裏有太多就業的機會。

一隻長著紅色翅膀的山鳥棲息在運河對面的欄杆上。汽車繼續駛向希瑟，速度並不特別快……也沒必要開得很快。希瑟躲不到哪裏去，她的思緒早已沉浸在維吉尼亞的郊區以及自己的夢想裏。突然間，汽車急轉彎，往小徑直奔。就在最後一刻，希瑟只朦朦朧朧地看到一個金屬物體，往自己衝過來，但是，這一切都已來不及了。

17 隨波逐流

山姆作了一個惡夢，夢見自己重回大學上英文課。雖然他還不用參加考試，但惡夢終究還是惡夢，難免嚇出了一身冷汗。在夢裏，他上的是狄更斯和安·蘭德的小說課，而且要在全班同學面前發表心得報告，說明資本主義如何能幫助低下階層力爭上游。他每說到一個重點，班上的同學就會打斷他，指責他冷酷無情，更說他是個怪物、野獸、自私自利的小人。山姆忍不住發火了，對同學大吼一聲之後，開始罵髒話。最後，他怒氣沖沖地回頭，看看老師能不能出面幫忙。沒想到，他的老師居然是羅拉，山姆不由得嚇一大跳，只見老師慢慢地搖搖頭，拒絕了他的請求，然後若無其事地低頭繼續批改作業。

就在這一刻，山姆驚醒了。現在是清晨，還好這只是一個夢而已，山姆心想。可是，它會不會是一個不祥的預兆，告訴山姆不要對今晚再度到羅拉家作客，抱太大的期望呢？另一方面，他又想，到底羅拉準備了一些甚麼給他呢？老實說，此時他心情忐忑不安，非常需要別人的建議和鼓勵。雖然現在還是大清早，可是他住在休士頓的姊姊，應該已經起床了。

「艾倫嗎？我是山姆呀，」他輕聲地說：「我沒吵醒妳吧？」

「還好，我在樓下替孩子做早餐，甚麼事？」

「記不記得我上次跟妳提過的那個英文老師呀？」

「當然記得囉，那個常跟你辯的那個。」

「沒錯，就是她。我和她……有了一些進展……。」

「怎麼了？她開始讀米爾頓．傅利曼，而不是約翰．彌爾頓（John Milton，編按：十七世紀英國詩人，著有《失樂園》）嗎？」

「不是啦，我是說感情的進展啦。她還是覺得要在這裏那裏干預一下社會，才能拯救得了世界，而不是隨便它自由發展。不過，我猜她可能對我有了一些好感。」

「啊？你們在一起多久了？」

「沒啦，還不確定能不能約會呢。我們在學校碰到了就會辯。有時候我們一起吃晚餐，可是一邊吃飯，一邊還辯得更厲害。」

「聽起來你們還吵得挺開心嘛。」

「對呀，我還吵得蠻開心的，我想……她也不會嫌我煩吧。最近我們比較少吵了……反而比較像在聊天。我猜這就是一般所謂的聊心事吧？喂，我一直以來都是自言自語比較多，對於這種事，我很不會體會耶。不過，我那天從她家出來的時候，還吻了她呢。」

「恭喜你呀，一切聽起來都很順利呀。那有甚麼問題呢？」

「跟她是沒問題，可是跟她的家人朋友就……我已經跟他們吵過架了，今天晚上還要參加她安排的派對還是甚麼的，我真害怕自己會把它給搞砸了。」

「你會啊，牛脾氣。喂，你等一下。」

山姆聽見艾倫正在她五歲的兒子和三歲的女兒之間，扮演糾察隊，調停兩個小孩搶東西吃，鬼吼鬼叫的爭執。

「對不起啊，」孩子靜下來之後，艾倫說：「我們談到哪裏啦？」

「妳說我很有可能發脾氣嘛。喂，再過兩個多月，我就三十一歲了。我想也該學習收斂一下脾氣了。還不能對那些和自己意見不同的人大吼大叫呢。喂，妳是怎麼做到的？」

艾倫笑得很開心。

「我可不懂甚麼竅門，」她回答說：「我只是看起來脾氣不錯而已。我是個工程師，每天跟我混在一起的，也是一堆工程師，還好他們都不愛談政治。」

「我看今晚的派對，羅拉的朋友是工程師的機會微乎其微，」山姆說：「給我一點意見吧！」

「我在商場上學會一套理論，對人也好、對事情也好，熱情是無價之寶，憤怒、暴躁卻是糞土。你也很想改善人際關係，影響這世界多一點吧？」

「對呀。」

「所以說，下次如果你覺得自己快要火冒三丈的時候，想想看，這樣做會對聽你說話的人，造成些甚麼影響呢？他們既不會很認真去思考你的觀點，反而會以為你這個人有問題，而且啊，他們這樣想也許是對的喔。」

「謝謝妳的鼓勵呀。」

「不客氣不客氣。你不覺得自己有毛病嗎？」艾倫調侃她弟弟。

「也許吧。可能我一向對政治的看法就是錯的，然後又看不起那些反對我的人吧。」

「你又何必自怨自艾呢？你有自己的想法也是對的呀。可是要記住，『只有死魚才會隨波逐流』，你在浪潮中掙扎，又有甚麼不對的？只是說，不要動氣，這樣才會長命百歲。誰曉得呢？也許她會很欣賞你的直性子呢。」

「謝謝妳呀。兩個小朋友還好吧？」

「馬克斯和蕾貝卡？好得很呢，至少在我看起來是這樣。」

山姆覺得自己運氣很好，在他需要找人聊聊的時候，好脾氣的老姊總是樂於幫忙。

「喂，我想到一個好法子，」艾倫繼續說：「你來幫我帶幾年孩子好啦，訓練訓練自己的耐性嘛，還有甚麼比小孩子還磨人的呢？」

「老姊，一步一步來比較好吧？馬克斯在嗎？要不要跟舅舅講電話呀？」

整天下來，山姆一直想著要管好自己的脾氣、要把怒氣化解掉。再說，如果他可以心平氣和地把想法說出來，將會對聽眾更有影響力。他想，他一定要試試看。

他再次造訪羅拉位於康乃迪克大道的家。這一次，羅拉邀請了六位耶魯大學的同屆同學，以及她的室友。他們都在客廳吃零食聊天，而羅拉把山姆介紹給大家認識。山姆在眾人面前，盡量保持笑容，也和大家邊吃東西邊聊天。事實上，直到目前為止，他還蠻愉快的，卻不知道今晚會不會考驗到他的耐性呢？也許他想太多了？也許有人會連續四五個小時大聲朗誦《芬尼根守靈夜》（*Finnegans Wake*），之後再給他考試。這樣子就會考驗到他的耐性，不過，他絕不會因此而羞辱別人。

突然間有人大叫：「快九點了！」每個人都匆匆跑回客廳，坐到電視機前面。原來今晚最主要的活動是看電視，山姆心裏在偷笑。看一兩個小時電視，他總可以應付吧？大概羅拉上次聽到山姆在班上說，電視最該被禁，所以就表現得很神祕，不事先告訴他。

隨著連續劇的上演，客廳安靜下來了。山姆總算把一天的憂慮一掃而空，現在，他只要把嘴巴閉上，放鬆心情，好好坐著看電視就行了。

這項「挑戰」卻比想像中困難些。就在進第一段廣告的時候，羅拉向朋友解釋，山姆家沒有電視，所以對劇情一概都不清楚。她的朋友聽了，就七嘴八舌把故事之前的發展概略告訴他。在劇中，麥克．道格拉斯是典型的奸商，他為達目標，不擇手段，劇情就是環繞著他的所作所為打轉。為甚麼大眾文化那麼喜歡強調商人用的都是一些卑劣的手段？其實，他心知肚明，如果一齣戲描述的是「沃爾瑪百貨」的低價策略，或者是西南航空是如何以客為尊，收視率肯定高不到哪裏去。儘管如此，難道電視連續劇或者是電影中的企業家，就非得欺騙消費者、搞外遇、而且千方百計要謀取暴利不可嗎？

在座的人都很想知道，經濟學者是怎麼看劇中的商業問題。山姆在回答問題時，盡量避重就輕，只談到一些普遍現象，而避開深入的探討。實際上，他的內心波濤洶湧，只是他一直謹記著姊姊的忠告，保持鎮定、保持鎮定。他絞盡腦汁，設法心平氣和地面對和自己意見相左的人，過不了多久，他靈機一動，不如就假裝自己是他們的一分子吧。於是，他開始滔滔不絕地大談商人的貪婪、消費者的毫無保障、以及政府干預監督的必要性。

當節目結束之後，大家都起哄，要求山姆做個整體的分析評論，山姆還是說著違心之論。他表示，麥克．道格拉斯是一個很成功的生意人，他的理念是很典型的企業哲學：不惜任何代價，也要爭取勝利。至於那個終於把他繩之以法的檢察官，唔，這個社會就是需要更多這類的執法者。要成功地推行資本主義，政府的監督是必要的，否則的話，整個體系都會因為它的內在矛盾而崩潰。羅拉的朋友好像都很喜歡這個「痛改前非」的山姆，畢竟，他們也沒見識過山姆的真面目。幸好，沒人發現他只是在開玩笑，沒有人嘲笑他，也沒有人和他針鋒相對，他所講的幾乎每一句話，大家都點頭如搗蒜。

客人離開之後，室友也藉故回房休息了。山姆滿心期待著羅拉的稱讚。可是，當他們留下來整理屋子的時候，羅拉卻一聲不吭。

「我表現得還好吧？」當室內只剩他們兩人時，山姆忍不住開口了。

「你表現得還好？我一輩子也沒那麼尷尬過呀。」

「尷尬？我這麼努力，就是怕妳尷尬，而妳還是尷尬呀？我沒跟人大小聲、沒有人衝出這個房子、每個人都玩得很開心，妳還尷尬？這我就不懂了。」

「你欺騙我的朋友，你對他們撒謊，你說的都不是真心話。」

「我想知道當條死魚是甚麼感覺。」

「甚麼？」

「死魚。『只有死魚才會隨波逐流』，馬爾康．麥格利治（Malcolm Muggeridge，編按：美國近代著名的新聞工作者）曾經說過類似的話，我從老姊那裏學到的。我從來學不會隨波逐流，總是在逆流中掙扎。假設我只是忠實地做我自己，或是為爭辯而爭辯，那又會變得怎樣？電視裏常演商人如何如何欺騙消費者、又怎樣收買政府官員、再加上不擇手段去謀利，妳說我該怎樣替資本主義說好話呢？這齣戲裏的政府高官腳踏一雙高跟鞋、一頭美麗的紅髮、一邊跑步一邊聽耳機裏『印地安女孩』唱歌，還因為要替社會討回公道，放棄到私人機構領高薪的機會，十足聖人一個，妳叫我怎麼批評政府的法令呢？」山姆一口氣說了一長串之後，突然停下來了，緺起眉頭沉思：「那個女的是黛咪．摩爾嗎？」

「不，是妮可．基嫚。」羅拉平靜地說，剛才她很生氣，現在已經冷靜下來了。為甚麼山姆那麼激動呢？

「你是不是反應有點過頭了？這只是一齣電視劇呀。」

「我不懂這是甚麼意思。」

「別傻了，山姆。你知道我在說甚麼，這又不是真人真事，只是……這叫甚麼來著……純粹的娛樂而已呀。」

「是嗎？只是娛樂嗎？好吧，我們來編另外一齣戲好了。假設這齣戲的名稱叫做，唔……『下課後』好了。男主角是傑克．尼柯遜，他演一個壞老師，在一間貴族高中教書。他上課不太準備，筆記也用了超過二十年，討厭文學，說話顛三倒四，上課還一身酒味。他常常和學生胡搞，而且還和那些愛慕虛榮、或者是想要拿高分的問題學生上床。如果妳不和他睡覺，他可能會懷恨在心，把妳當掉。妳也可以收買他，給他錢他就給妳高分。妳以為他這種人會被炒魷魚嗎？錯了，他是工會代表，沒有人敢動他一根汗毛。而且，他也會動手腳，把那些要求校務改革的聲音全部都擋下來，永遠都過不了關。同時，他也是足球隊的教練。由於他出身海軍，他會用言語和行動來羞辱那些球踢得不好的球員。如果學生要申請大學……」山姆停下來了，接著說：「妳笑甚麼？」

「你在說喜劇呀？不曉得耶，我覺得找金凱瑞演會比壞人樣的傑克．尼柯遜好多了。」

「不，這種連續劇會讓妳看得牙癢癢的，妳會恨死那個卑鄙的小人，竟然傷害了那麼多年輕人！它的收視率超高，大家都在茶餘飯後討論它的劇情，萬一有一天不得已沒辦法趕回家看，還會把它錄起來。到了故事的尾聲，居然還有大膽的學生跑去威脅他，如果老師不幫學生考進哈佛的話，他就會把老師的惡行惡狀，全部都向媒體抖出來。我們這位主角忍不住，把那可憐的孩子謀殺了。現在我們假設妳要和一群家長看這個節目。起初，妳會笑它劇情荒謬，就好像妳剛才一樣，可是，有位家長就問了，妳有沒有認識老師是酒鬼的呢？有，妳必須承認，賴老師，和妳一樣教英文的同事，常常喝到半夜，一早還醉醺醺的。這是老師之間的公開祕密，妳盡量不想去注意，但妳偏偏知道。接下來，又有人想知道，有沒有老師是因為不當的性行為而被革職的。妳才來一年，可能不清楚，可是妳一定有聽說過費老師吧？也就是妳來之前的八卦，那種事可不會這麼快就淡忘掉的。四年前，他被迫離開我們的高中，而且他還和女孩子的父母談妥了『條件』。事情就這樣愈滾愈大了，而且每一件骯髒事，都曾經在妳的身邊發生過。」

「可是……」

「可是，把這麼多見不得人的事，全部都加在一個人的身上是不公平的呀！對吧？」

「是的，沒錯，」羅拉說：「這正是我想說的。」

「可是，和妳一起看電視的人會說，這只是一個節目呀。他們會覺得，怎麼妳會對區區一個節目那麼敏感呢？……該怎麼形容這個節目呢？誇大的教育界醜聞？看電視不要那麼認真嘛，他們說。當妳發現這種節目，還有看到這種節目受歡迎，大家都開始製作這類節目，逐漸讓民眾對老師和學校，喪失了應有的尊重時，妳想不認真也很難呀。從這個時候開始，妳就會在派對上聽到有人拿妳的專業開玩笑，這比阿諛奉承妳還讓人難受呀。可是，只要妳表現出一副不以為然、或者是受傷害的表情，妳的朋友就會覺得莫名其妙，說他們只是在開開玩笑而已。」

「對不起呀，山姆，可是我還是覺得這沒甚麼，看電視本來就是打發時間而已。」

「也許吧。我們來談談今晚的節目，它叫甚麼來著？」

「美女與野獸。」

「不簡單、不簡單。前面那幾集有沒有描述說，那個野獸怎麼對待他的員工呢？聖人就不必多說了。」

「並沒有交代，」羅拉表示：「這一季一開始的時候，他就決定要把俄亥俄州的工廠關掉，然後在墨西哥另起爐灶，這樣做就可以省下大筆的薪資開銷，也不必管廠房危不危險。墨西哥的工人一個小時賺一塊錢美金，查爾斯賺好幾百萬。然後，我們又發現他要上市一種藥，這種藥不光是不怎麼好，還有可能危害病人的性命。」

「這個叫查爾斯的傢伙還殺了他以前的祕書？」

「看起來是這樣。希瑟現在昏迷不醒，也許會度過難關，也許不會。我們現在還不曉得查爾斯是不是幕後主謀人。這是這一季的情節，欲知後事如何，我們得要等到下一季了。我必須承認，謀殺這件事，是有點誇張。」

「還有其他的情節呢？欺騙消費者、壓榨員工、還有我今天看到這個大老闆的臭脾氣？這些東西妳就照單全收，還把它們當成是美國企業的縮影，妳愛死它了。它證實了妳對企業界的想法是對的，而且政府的介入和監督只有好處，沒有壞處。因此，妳就會想像消費者是受害者、員工也是受害者，而且還樂此不疲呢。」

不管怎麼說，羅拉在心裏承認，山姆說對了一件事，她愛死了這齣戲，也愛死了艾莉卡。

「我知道有些總裁可沒有德蕾沙修女那麼有同情心，」山姆繼續說：「我也明白不被約束的資本主義，並不會為每個市民都帶來好日子。我很清楚世界上有很多查爾斯這種人；也看得出來很多企業的行銷案其實都不太誠實。我了解有些工人日子並不好過，也承認市場經濟會導致有瑕疵的後果。可是，今天坐在這裏的人，那些站在相反立場，不信任、看不起這個市場的人，他們有沒有想過，透過立法來阻止競爭，得要付出多大的代價嗎？他們有沒有注意到，有多少的活動，都因為法令而無法進行，或者是就此默默無聞呢？他們有沒有擔心過，有些救命的醫療器材，因為無法符合食品藥物管理局的規定，因而被禁產，甚至從來沒有被發明過？他們沒有懷念過那些付不出保險金，而被迫停業的遊樂場和溜冰場呢？他們有沒有想過，天底下有多少艾莉卡，不會像劇中的艾莉卡那麼神聖，反而是更在乎自己的權勢，而從沒想過要讓這世界變得更美好？所以說，坐在這裏，和一群不只是反對我的看法，甚至還不知道有我這一套想法存在的人，一起看電視裏上演著偏頗的劇情，妳覺得我會有甚麼感覺呀？妳的朋友絕對無法想像，一個正直的人怎麼會贊成一種讓查爾斯活得好好的體制呢？因為，在他們的腦子裏，所有的總裁都是查爾斯。他們總覺得，要尋求經濟上的公義，就必須永遠永遠警醒，隨時監管看守。而那些好像我的人，那些相信競爭能抑制貪婪的人，就會變成——妳那天所形容的——替查爾斯狡辯了。畢竟，我們還是有些想法是雷同的，不是嗎？很明顯的，我很喜歡看到孩子餓肚子、工人被欺壓。」

「好了，好了，我知道你的想法了。可是，喬治呢？」

「你是說住在俄亥俄小鎮，在7-11打工的那個人？」

「就是他。也許這只是個電視劇，但是在現實生活裏，我們還是有許多的喬治，他們失去了工作，卻還是要養家活口。」

「我很同情這世界上所有的喬治，真的。」山姆平靜下來了。那些嘲諷和火氣都被他發洩掉了。

「你怎麼可以讓查爾斯這種人隨隨便便就毀了喬治的一生呢？不光是他，還有很多其他人呢！」

「錯了，妳的大前提完全錯了，」山姆冷靜地說：「妳以為總裁都是以關廠為樂。當AT&T裁了四萬名員工，每個人都在罵總裁貪得無厭，其實，真正的原因是競爭對手的崛起。MCI和Sprint的創意太淩厲了，迫得AT&T非利用企業瘦身來提高效率不可。新進對手千方百計來和你競爭，另一方面，他們也讓AT&T痛定思痛，努力改善服務品質，降低售價。」

「如果消費者還是有工作的話，他們的確得到了更好的待遇。不過，到了最後，勞工總是被犧牲掉的。」

「他們失業了，難免要過一段艱困的日子，但妳可不要忘了二十五萬還留在AT&T的員工。如果不改革，說不定這家公司就會倒閉。也不要忘了MCI和Sprint裏也聘請了十萬名員工，他們也應該算進去。如果妳希望激勵人們去改變這個世界，妳必須容許這個市場去獎勵他們的辛勤努力。只是很不幸的，妳也要容忍競爭所帶來的負面影響。」

「你叫這個是『負面影響』，可是，成千上萬的人都被所謂的『企業瘦身』害得三餐不繼。你把總裁看成是英勇的船長，在商場的驚濤駭浪中，指揮部隊和敵人作戰。為了保持戰鬥力，他不得不忍痛犧牲一些部下，顧全大局。可是有些船長就是不會作戰嘛，還有一些根本就是流氓，為了貪生怕死，還是多貪一分財，乘機把好些員工裁掉。」

「我知道，我也不否認會有這種現象。我想，很多總裁在這麼做的時候，心情還是很沉重的。而且，我也要替那些像查爾斯一樣的總裁說話，他們收了美國的工廠，把它搬到墨西哥，純粹是想增加利潤而已。那又有何不可呢？」

「山姆！」

「我是說真的。查爾斯這樣做可以節省開支，這種事又不只是在電視上發生，在現實世界裏也司空見慣。妳假設自己是查爾斯總裁好了，現在，妳要去經營一家鼎鼎大名的跨國企業，妳的員工遍布全美和全世界，共計有，唔……一萬五千人好了。妳的企業有掛牌上市，股東少說也會有好幾千人，其中有很多人都已經退休，或者是打算退休，他們投資妳的公司，自然是希望拿投資的所得，作為養老之用。有人告訴妳，羅拉總裁，把工廠搬到墨西哥，這樣可以節省公司的成本。妳自己也知道，這樣做會傷害到俄亥俄州的工人，搬還是不搬？請選擇。」

「不搬，把它留在俄亥俄。多賺一些蠅頭小利，卻會把整個馬龍鎮給毀了，太不值得了。」

「妳確定？」

「我確定。特別是我毀掉馬龍鎮的同時，也在剝削墨西哥人。」

「所以說，不要在墨西哥設廠比較好？」

「不，這樣做也會傷害到墨西哥人，如果非要在墨西哥設廠的話，我最少會給他們合理的工資。」

「我知道妳一定會這樣做。不過妳覺得多少錢才合理呢？」山姆問道。

「我不知道，也許是一個小時五美金吧。而且我的安全措施也會做得符合美國國家的安檢規定。」

「好吧，我們就假設妳付一個小時五美金，安全措施也做得很合標準。不過，那邊的員工生產力不夠，妳沒辦法賺錢，妳願意把別的地方賺得的利潤，拿來補貼墨西哥廠嗎？」

「也許不會。可是，這不是重點，我第一件事，就是要保住俄亥俄的工廠。」

「可是，墨西哥人會覺得這是個重點。由於類似美國跨國企業這種『剝削者』大舉投資，墨西哥當地的工資也在持續上升。的確，在我們的眼中，他們是很窮，不過它們正朝著正確的方向發展。妳好像比較在乎俄亥俄州的人，而不是墨西哥……」

「山姆，你扭曲了我的原意。」

「是有那麼一點，對不起。不過我們先來談談美國人吧。妳剛才說，不值得為了蠅頭小利而毀了一個小鎮，對嗎？」

「差不多是這個意思。」

「萬一妳搬了就賺大錢呢？這樣的話，妳做決定的時候會不會左右為難呀？妳會不會因為甚麼原因，而忍痛犧牲這個小鎮？還是說，妳的工廠就是理應永遠設在那兒？妳知道嗎？俄羅斯政府從來不會把工廠關掉。想想看，這種政策對管理階級和員工，能夠有甚麼激勵作用？妳知道在俄羅斯，這個一向有『工人天堂』之稱的國家裏，那些員工最喜歡說的一句話是甚麼嗎？『我們假裝工作，他們假裝付薪水』。俄羅斯政府現在還在營運很多這種工廠，也因為它們一直虧損，所以一直在拖累國家的財務。所以說，妳還是堅持俄亥俄州的工廠永遠不應該廢掉嗎？」

「山姆，我不可能回答你這個問題的，你只是在……」

「不可能回答我的問題？」山姆打斷她的話：「妳是總裁耶，妳每天都要回答類似這樣的問題，妳決定要怎麼做呢？」

「我不知道，我只知道有時候，我們必須顧到員工，犧牲利潤。」

「妳的做法讓人很感動，不幸的是，競爭對手不可能像妳一樣，能夠把……利益與仁義都兼顧。他們把廠房搬到營運成本比較低廉的地方；他們採用最新科技，即使這將會讓部分員工失業；當某些部門出現冗員的時候，他們馬上瘦身；結果他們在生產和行銷的領域，漸漸超越了妳。你們的競爭非常激烈，可是妳的對手聘請了許多極具創意的專業人才，並且讓他們擁有各自發揮的舞台。老實說，他們表現得比妳好。也因為以上種種努力，他們可以降低產品價格，回饋消費者。他們的利潤增加了，因此可以用較高的薪資，聘請更多的員工、更多優秀的人才、也挖走妳最棒的員工。而妳的公司呢？同情心集團？妳的公司錯失了一個又一個大好商機，因為，沒關係，妳的利潤已經賺得夠多了，妳不必像其他商人一樣一身銅臭味。可是，現在，妳對手的售價比妳低，並且已經開始搶走妳的顧客了。妳在無計可施之下，也要和他們拼價格。起初，妳的利潤被削薄了，到了最後，妳虧本了，而且會一直虧下去。整個企業都撐不下去了，員工也在另覓出路。那些股東本來要靠妳，才能安享晚年，但是剎那間，他們的老本全都不見了。試問妳要怎樣向妳的員工、妳的股東交代？現在，誰比較在乎那些員工？是妳嗎？還是妳的競爭對手？」

「山姆，你作弊。你挑了一個最糟糕的情況來比喻，存心要讓我下不了台。你……」

「我想那部連續劇的編劇也和我一樣，做了同樣的事。好吧，許多成功的資本家不必精簡人事、不必把這裏的工廠收了，再去別的國家設廠，沒關係，妳說說看最棒的例子好了。」

「為甚麼我就不可以接受低一點的獲利率呢？我開工廠做生意，並不是要做慈善事業，我只是不想做每一筆生意，都要計較節省了幾分幾毛錢。」

「妳的想法很有意思，如果妳是老闆，這樣做並沒有甚麼不妥的地方，因為所有的利潤都是妳的，也可以憑妳自由意願，把賺到的錢再投資到自己的生意裏。即使妳的公司不需要額外的人手，妳也可以聘請妳失業的鄰居幫忙。記不記得亞朗・費爾斯坦（Aaron Feuerstein）？」

「不記得，他是誰呀？」

「他是摩頓羊毛製品公司（Malden Mills）的負責人。他發明了Polartec，一種製造羊毛夾克的主要材料。有一年，他們在麻省的工廠被一場大火燒毀了，費爾斯坦付了三個月的薪水、四個月的勞健保補助，給他旗下一千兩百名待業員工，總共花了一千萬美金。他也幫助他們找工作，直到自己蓋了一棟最新式的工廠為止。他的所作所為，實在教人敬佩，他既慷慨又無私，屬下因此也對他忠心耿耿，從這點看來，他把事業經營得非常成功。可是，他這麼做，並不是希望能獲利，而且也不可能把一千萬賺回來。他是一位有宗教信仰的人，深信這麼做是對的。」

「他在做功德，這才是真正的企業責任。」

「可是，他花的是自己的錢呀。如果這是妳個人的事業，妳可以任意把利潤捐給慈善機構；如果這是妳個人的事業，妳可以給員工更多的薪水，超過市場上的平均水準。雖然，這麼做並不可能讓他們成為更好的員工，只是在做功德，看到他們心滿意足，自己也覺得高興而已。總而言之，這是妳的錢，隨便妳怎麼用都沒關係。但是，妳終究會發現，這樣做生意實在不是辦法。我們的生命裏有太多無法預測的變數，即使是最心狠手辣的總裁也有可能會碰到，競爭態勢突然轉變的一天，因而使利潤突然下降，甚至變成虧損。然後，妳就破產了，被社會淘汰了。不如這樣吧，把利潤看成是驅動整個企業的燃料，沒有它，一切都會化為烏有：工作、薪水、福利、對社區的捐助等等。利潤使每件事都能實現。妳也可以想像自己住在西伯利亞，在日常生活中，妳絕不可以讓自己的爐灶沒有炭可燒。妳會覺得自己的炭已經足夠讓妳燒一輩子嗎？妳會冒險把手上的木頭拿來做木雕藝術品嗎？」

「可是，山姆，如果有一家人缺乏木柴，你不會分一點給他們嗎？還是你要統統留給自己呢？為甚麼一定要自私自利才行？」

「這個問題跟自不自私沒有關係。如果今天有一千個人請我幫他們找木柴，如果他們那麼信任我，認為我可以幫助這個團體裏每一個人都安然度過寒冷的冬天，我把團體裏的木柴再送給別人是對的嗎？這是不對的，甚至是不道德的。我可以拿一部分自己賺到的木柴送給別人，然後也鼓勵他們，如果有能力的話也要分一點給其他有需要的家庭。可是，要我捐出屬於團體的木柴，或者是偷懶不去找木柴，這叫做不負責任，並且會嚴重危害整個團體。」

「我不知道，幫助別人度過寒冷的冬天，不見得是件不道德的事呀。」

「那麼，妳就捐出自己的木柴吧。也要勸鄰居多行善。可是，當妳的身分是總裁的時候，妳只是企業裏的管家，而不是老闆。一切的利潤都不屬於妳，而妳的工作，是好好把利潤分配好，並且轉投資，以確保企業能永續經營。當妳把企業做得有聲有色，並且開始賺大錢的時候，有些人將開始抨擊妳。那些眼紅妳成就的人會說，妳都是剝削消費者才賺到錢的，而不是憑真本事。妳的競爭對手開始向司法單位抱怨，並且要求展開反托拉斯行動。接著，消費者要求妳降低產品售價，員工要求妳加薪，反正妳付得起嘛。其實說穿了，這只是理性的乞討行為：『妳好有錢，求求妳行行好，給我一點，好嗎？』我再強調一次，我喜歡聽到企業的發言人在捍衛企業利潤時是這麼說的：『我們利潤豐厚，是因為產品具有價值，受到消費者的歡迎。因此，我們也鼓勵所有能幹的競爭對手，各憑本事，一較長短。同時，我們也希望消費者對我們的品牌忠誠，我們的目標，就是希望消費者對我們的產品感到滿意。任何人對我們有任何不滿，不論是針對我們設廠的地區、員工薪水、還是產品價格，我們都鼓勵你去經營同性質的企業，並且祝福你會開創更美好的局面。我們感謝消費者對我們產品的愛戴，同時容許我們享有目前的利潤。我們計畫運用利潤，改善我們的產品，同時回饋給協助我們成長的投資人。謝謝你們。』」

「所以利潤底線就是一切？」

「是的，如果妳認為這些就等於殘酷無情，我看我告訴妳我真正的感受，也是在浪費時間。冷酷無情等於奸詐的生意手法嗎？看看查爾斯，冷酷無情有沒有幫到健康網呢？也許查爾斯會因為謀殺，或者是企圖謀殺而入獄，這樣他們的股票就完了。好笑吧，電視上的總裁不是殺人，就是放火，可是，在現實的世界裏，我就從來沒聽過有哪一個總裁做過這些事，我猜他們都有本事脫罪吧？」

「少諷刺了，山姆。」

「還有呀，查爾斯還蓄意欺騙食品藥物管理局。妳的朋友說，上幾集有演到，他把所有不利於他們公司的藥品測試報告都銷毀了。妳認為販賣沒有藥效或者是有害人體的藥，會讓一間藥廠賺錢嗎？」

「至少短時間內會賺錢吧？」

「沒錯，很短很短的時間之內。如果真的有這麼一家健康網，它銷毀藥品測試報告、賣一些爛藥，絕對是在自找麻煩，早晚都會關門大吉。消費者又不是傻瓜，一旦他們覺得他不可靠，他的其他藥物也會受到影響，接著，股票馬上下跌。」

「好吧，所以說，冷酷無情不能和賺錢的能力劃上等號，對吧？」

「不但如此，要賺錢，就要做好客戶服務；要賺錢，就得壓低價格；要賺錢，就要好好對待員工。」

「我懷疑你這樣說，能不能安撫喬治。不管炒他魷魚的是一個冷酷無情的管家也好，還是一個具有同情心的管家，在這位管家努力拯救企業的情況下，他還是被犧牲了。你有甚麼話要對他說的呢？」

「我想，再說甚麼都安撫不了喬治。雖然電視劇裏的查爾斯，的確是壞過頭了，但是在現實裏，還是有很多喬治。他們必須面對艱困的時機，過一些苦日子。我得要提醒妳啊，我很早以前就跟妳說了，一個再怎麼完美的體系，也會產生一些不怎麼完美的結果。如果今天喬治是站在這裏，激動地和我辯駁，我不會告訴他，利潤取向的觀念有多美好，也不會說，他的失業讓其他十萬人找到工作，我還不至於那麼殘忍、那麼笨。如果我非得要和他談話，我會努力說服他，他不會喜歡住在一個馬龍廠絕不會關廠、或者是每個小鎮的工廠都不會遷廠的世界裏。」

「山姆，你覺得你要跟他談多久呢？」

「不會太久的。我一輩子裏碰到過好幾個喬治，他們大多都很氣公司這樣的決策，也不是真正對經濟學有興趣。我不怪他們，我也很清楚，他們只是想保住飯碗而已。可是，如果他們想要聽聽我的忠告，我會和他們談談他們的孩子。戲裏的喬治有沒有孩子呀？」

「有，他太太帶著幾個孩子接受訪問。」

「這種場面絕對能博取觀眾的同情。不過，我們先來討論一下孩子的未來吧。我肯定喬治一定很關心他們的。不過，如果馬龍的工廠沒有遷，他的孩子高中一畢業，就一定會到那裏工作的，也許他們的爸爸從前也是這樣。」

「這樣有甚麼不對嗎？」

「沒甚麼不對，不過我常常問我的學生，他們會不會希望以後做和爸爸一樣的職業，他們大部分都不願意。我猜喬治的兒女也不例外吧？無論如何，工廠沒了，也許他們就會上大學。」

「爸爸在7-11打工，試問他們要怎麼負擔大學的學費？」

「這個嘛，除非他們拿到獎學金，或者是借得到很多錢，不然他們不可能進得了史丹福之類的大學，可是要唸俄亥俄州立大學，或者是社區大學，應該不是問題。工廠倒了之後，孩子就得要學習另外一種技能。不過，我只把故事講到一半而已。即使政府已經立法保障這些工廠的營運，喬治的兒女一樣可以選擇其他的職業，不過，關鍵點在於，工廠倒了之後，他們才會擁有更好的選擇。馬龍的工廠遷到墨西哥了，其他的工廠也相繼倒閉，因此小鎮必須想盡辦法，另覓新的發展，從而造就了新的工作機會與商機。我們看到了工廠倒閉後要經歷的難關，卻沒看到難關同時開創了嶄新的局面。」

羅拉坐在沙發上，靜靜地聆聽山姆的見解。只見他在羅拉的面前走來走去，激動地利用手勢，協助自己表達看法。

「一百年前，」山姆繼續說：「美國的就業人口四〇％以上是從事農業，現在呢，農業人口只剩下三％不到。我們再來編個賺人熱淚的劇本好了。十九世紀末、二十世紀初，科技發展開始起步，有了機器的輔助，農作物收成大幅提升，同時，我們也不必再依靠勞力耕種，於是，在農場幹活的小伙子全都失業了。到了今時今日，那些小伙子都應該有了下一代吧？當他們回過頭來看這件事的時候，妳認為他們還是會埋怨這種轉變嗎？試想，如果我們基於一時的同情心，決定維持最原始的耕種方法，我們能享受到今天的優質生活嗎？五十年前，製造業也發生過同樣的變化，但是失之桑榆，收之東榆，現在的電腦業、資訊科技、電信業、以及美國諸多優秀的行業，不也提供了很多就業機會嗎？如果我們原封不動地保護著五〇年代以來的製造業，不容許任何一家工廠倒閉，妳想我們會有多窮呢？如果我們告訴時下的年輕人說，畢業後，他們只能到工廠工作，妳猜他們會怎麼想呢？如果我們當時有立法保障製造業的生存空間，我們就絕不可能擁有今天種種的工作機會以及商機。」

「可是，假藉進步的名義，犧牲了馬龍鎮所有的人，你認為值得嗎？」

「我們沒有假藉進步的名義，而是給了馬龍鎮下一代一個機會，能充分發揮所長。說實在的，這不保證能讓他們發財——雖然我可以肯定他們將會比父母更有錢——但是他們更有機會去選擇自己未來的路。馬龍鎮或者是其他小鎮的沒落，只是故事裏醜陋的一部分而已。其實，小鎮變得更貧窮，是因為失業工人的下一代紛紛出走，另覓更好的出路所致。如果妳想要全面去檢討，這種蛻變為小鎮所帶來的衝擊，妳必須要考量出走的那一群人，在其他地區能找到哪些工作機會，以及發展前途。還記得那部電影《風雲人物》嗎?在喬治·貝利出生以前，伯佛城（Bedford Falls）是甚麼樣子呀?」

「記得呀，髒亂怪異，還有很多霓虹燈。」

「對了，那裏叫波特區（Potterville），這樣的轉變是導演法蘭克·卡普拉（Frank Capra）想像中，美麗的伯佛城所能發生最糟糕的事了。現在的美國，已經沒幾個伯佛城了，可是，它們不是被像波特這種貪心的銀行家所摧毀的，而是被跑到大城市實現夢想的喬治·貝利摧毀的。」

「山姆，你知道我們之間最大的差別是甚麼嗎?」

「我該從哪裏開始說起呢?」

「對不起呀，我只是問來起個頭而已。我們之間最大的差別是，你比較在乎贏家，而我在乎輸家。你希望有才幹的人都能夠有機會發揮所長，可是，世界上不是每個人都是有才幹的，我卻希望輸家也有容身之地。」

「我也是這樣想的呀，羅拉，我也是這樣想的，」山姆幾乎是在求饒：「可是，我不能接受贏家和輸家這樣的二分法。這個世界是不公平的，就是有人比其他人更有才幹。也許我把資本主義過度浪漫化了，好像它只把機會給有才幹的人，讓他們得以生存。可是這些人並不是踩在弱者身上奮鬥成功的。資本主義反而逼迫他們和其他人分享他們的才幹，妳看看沃爾瑪百貨的創辦人山姆·華頓（Sam Walton），他就是非常有才華的人。他胸懷改變世界的大志、做事細心、能夠創造獨特而輕鬆的企業文化、體會到小鎮和鄉村地區還有零售業發展的空間，而且，最常教人忽略的一點是，他懂得運用科技的力量，一再地壓低成本。就是因為他的經營本領，他成了億萬富翁。可是，這億萬美元，是哪裏來的呢？」

「他的消費者。」

「沒錯。不過，他賺了錢不代表消費者虧了本，相反地，他們反而是獲益了。如果華頓要吸引消費者進他的店，並且經常到他店裏光顧，他必須擁有更好的利基，提供比別人更低的售價。消費者買牙膏、床單、衣服所省下來的錢，可以用在他們的孩子身上，或者是拿去度個假、保養身體、甚至是當作退休金。同時，沃爾瑪的競爭對手為了要生存，也要和沃爾瑪競爭價格，因此，華頓的才華也滲透到其他人那裏，間接造福了那些並不是他消費者的人。」

「可是，他的競爭對手不見得一直都待在市場上呀，」羅拉繼續說：「市中心不少小店生意做不下去，也是拜沃爾瑪所賜，像電影中伯佛城之類的地區，已經愈來愈少了。」

「沒錯，但是我比較在意的是人，而不是那些城鎮。是誰讓這些商人失業的呢？要把責任歸咎於沃爾瑪，似乎是最簡單不過的了。可是，沃爾瑪不可以，也沒有強迫人們成為它的顧客呀，它是靠本事在市場上立足的。很顯然，小鎮居民還是比較喜歡到位於邊陲地帶的大倉庫去大採購，而不再光顧市中心的小雜貨店。他們的購物習慣讓華頓致富，另一方面，華頓也丟出了更好的價格，讓消費者更省錢。事實上，他並沒有從任何人身上掠奪任何財富。因此，我最討厭人家說，成功的資本家或是大企業，都應該捐出部分利潤來回饋社會。」

「山姆，你不是說你贊成私人慈善團體嗎？」

「沒錯，而且看到有錢人願意做善事，我會覺得很感動的。『付出』這個概念並沒有錯，不過，我最看不慣『回饋』這兩個字。這暗示商人的財富都是從社會上偷回來的，必須做些甚麼事，把它們還給社會。其實，那天我和妳哥爭吵，結果忍不住發脾氣，也是為了這個原因。山姆・華頓既不是海盜，也不是土匪，相反的，他增加了美國的財富。他也沒有把錢四處揮霍，跟著他受益的數百萬人不是住在紐約第五大道的上流人物，他們只是一群走進他的店，蒐購低價產品的普通人而已。因此，談甚麼輸家、贏家似乎是有點誤導，更不是有沒有同情心的問題，而是在於世界是靜止不動的呢，還是充滿動力？進而言之，這個世界的人是知足常樂的呢？還是勇於實現夢想？我很清楚知道自己喜歡住在哪一種世界裏。」

山姆終於坐下來了，他看來疲憊不堪。羅拉則陷入沉思。

「你為甚麼不這麼對我的朋友說呢？」羅拉終於開口了：「看你滿嘴胡言亂語，你知道我有多難受嗎？」

「妳覺得我會好受嗎？羅拉，我們認識了大概有半年吧？我很抱歉，欺騙了妳的朋友，可是我這麼做，無非是想維繫我們的友誼，不要讓它變質罷了。說真的，我不可能在短短三十分鐘、甚至是一個小時之內說服他們，我並沒有和查爾斯同流合污，更不必多談，我的世界觀有多麼的人性，多麼值得大家試著去接受、去建構。我要怎麼做呢？告訴他們我爸媽家陽台的故事嗎？告訴他們那個活在地獄裏的漁夫嗎？告訴他們市場競爭所能產生的威力嗎？要了解我，我看是需要六個月，而不是六十分鐘。」

「我不曉得，山姆，你認為六個月就夠了嗎？」

山姆疑惑了，繼而大笑。他內心的憂慮就在此刻一掃而空。他笑得從沙發上滾落地板，平躺成一個大字型。

「我投降了，」他還在笑：「我被妳打敗了。」

羅拉用腳趾，頂了他的肚子一下。

「起來啦，懶鬼。」

山姆仰望著羅拉，她滿臉笑意，腳趾還在他的肚子上游游盪盪。山姆此刻喜上心頭，他已經愛上這個女人了。可是，在這種情況下，男人該怎麼做呢？他一點概念都沒有。不過，一隻穿襪子的腳在你的肚子上走來走去，無疑是在調情。他大膽伸手去抓住它，主人卻把它抽回去，但同時也被逗得咯咯笑。最後，她也倒在地上，躺在山姆的身邊。山姆乘機撐起手肘，上半身靠向她，溫柔地吻著她的雙唇。他再吻她一次，這一次更久。

「謝謝妳。」他說。

「謝甚麼？」

「一切一切。」

羅拉微笑，深深吸了一口氣，站起來了。

「對不起呀，山姆，我得要趕你走了。很晚了，我們這些上班族女人，得要睡個美容覺。」

「沒錯沒錯，我明天也要上課。」

隨著夜幕低垂，氣溫也下降了不少。山姆走過橫跨石崖公園的橋上時，停下腳步，暫時享受一下微風拂面的感覺。他看到林梢間，掛著一輪淡黃色的明月，現在已經幾近月圓了。此刻，山姆的心情五味雜陳，既難掩兩情相悅的興奮，又摻雜了一絲苦澀。羅拉的一顰一笑，都深印在他的腦海裏，可是他卻沒辦法不想起，明天就是他的最後一堂課，而他的未來呢？還是未知數。

羅拉躺在床上，輾轉難眠。她不只是因為時間不早，要把山姆推出家門，最重要的是，她還不確定要不要和山姆繼續發展下去。他們的想法迥然不同，再說，他可能快要離開愛德華高中了。她不太確定自己目前的感受，但可以肯定的是，她不想他走。她想知道他的上訴有沒有成功。他真的被革職了嗎？難道連反擊都不反擊？就她所認識的山姆，她真不敢相信，難道他就這樣一聲不響地消失嗎？

18 最後一課

選修山姆「經濟學的世界」這門課的高年級學生，趁著老師還沒有進教室前，都在竊竊私語，談論著最近流傳的謠言。通常到了最後一堂課，大家不會乖乖坐著，而是又叫又笑地吵翻天。今天，這群學生卻有點反常。

不多久，山姆走進教室。他滿臉倦容，走起路來四肢乏力，和平常充滿活力的樣子大不相同，一看就知道昨晚沒睡好。他深吸了一口氣，努力擠出剩餘的幾分力氣。

「今天，我們要探討政府法令中最後一個環節：環保法。你們聽我說了那麼多堂公共政策，覺得我是支持還是反對環保法呢？」

「反對！」大部分同學不約而同地叫出來。

山姆本來背對學生的，聽了他們回答之後，馬上轉過身，回頭對著他們說：

「答對了！」

學生的驚叫聲讓他振奮起來。

「當人們進行交易，」山姆繼續說：「他們彼此都是心甘情願的。雙方都因此而獲利，否則的話，他們會找其他人來進行交易。但是，當人們把有毒廢料倒進河裏，或任由它在空氣中揮發，造成環境污染，那麼喝水的人或呼吸空氣的人則是在違反他們意願的情況下被迫接受的。這是污染者偷竊空氣和水源的行為。好的環保法規，就是要讓人們自動自發地互相尊重。這樣的話，就能保障個人利益，政府也不必立法來約束你，叫你不去做見不得人的事。有沒有人知道歐洲人是怎麼去澳洲的？」

「坐船去。」後排學生答道。

「很好笑，喜劇高手，謝謝你的回答。他們的確是坐船去的。有意思的是，他們大多是罪犯。在十八及十九世紀，英國人把一船一船的罪犯運去澳洲，當然，他們坐的並不是豪華大郵輪。因此，有時候高達三分之一的人會死在旅途中。這種情況嚇到了向來守法的英國人，不管他們是出於罪惡感或者是愛，他們希望能降低死亡的人數。你建議要怎麼做呢？」

學生們都踴躍舉手。有人建議補充營養，有人則建議做好醫療，更有人提議把坐船的人數減少。

「你們的建議都不錯，」山姆說：「可是，不論是補充營養、做好醫療、還是把每一趟的坐船人數減少，英國政府的開銷都不低。你也可以想像，人類的慈愛，也不太可能在當時的船長身上發光發熱。事實上，很多船長還把應該給罪犯吃的食物私藏起來，到了澳洲之後，再轉賣給當地人。他們很有趣，不是嗎？所以我猜他們不會採納你們的意見，以救人為己任。我們再看看其他的方法好了。我們來強迫他們要對罪犯好一點，立個法來規定最低的食物和醫療補給原則。我們叫它『嚴密操控方案』。這有效嗎？布塔妮？」

「這麼做的話，每一趟出海，你可能都要安排一位政府官員隨船監督船長，叫他們守法。」

「而且也要確定官員不會貪贓枉法，或者是不會被船長威脅，」山姆說：「因此，立法在理論上是說得通的，實際上是否可行，則有待商榷。大家想想看，經濟學者會有甚麼好建議呢？對了，這個謎題還忘了告訴大家一個重要的關鍵。早期運輸罪犯的方式是人頭制，也就是說，私人船公司每載一名監犯，政府會付一筆固定的運費給船公司。這筆運費裏，已經包括了食物和醫療費用。終於，有人想出一個好法子了。英國政府決定，它們只會對安全抵達澳洲的犯人才付費，而不是離開英國就可以。」

山姆停頓，要學生思考一下他剛才的一番話。

「這是不是一個很簡單、很聰明、而且很節省成本的方法呢？我們就叫它『輕而易舉方案』，概念就是巧妙地利用船長的自利心態，而不是立法去禁止他們做壞事。換句話說，政府再也不必花錢叫人去盯著船長，叫他不能做壞事，而是用獎勵的方法，叫他守本分。另一方面，政府也不必計算該要用多少食物、多少醫療資源，才能讓犯人活著抵達澳洲，反而是把球丟給一路都在值班的船長，讓他自己去斟酌。這幾乎就是一個自我監督的體制，聽起來很不錯吧？可是它還有更好的優點我還沒說。在這個『輕而易舉方案』之下，船長有動機去找出更新、更好、更便宜的方法，讓犯人好好活著。例如，給他們更多的空間、一次少帶一點犯人但是存活率提高、多帶一些治療各種海上不適症的藥物上船、多帶些有益健康的糧食等等。如果能讓船長嘗到甜頭，他們不用你命令，也會千方百計讓犯人活著到澳洲。再說，要他們持續改善船上的環境並不困難，因為他們有很多內線方法，不是同行可能都不會知道的。」

「這跟環保有甚麼關係呢？」有人問道。

「不少環保法規是『嚴密操控』式的。舉例說明：政府決定如何去減少空氣污染，而不是給各行各業誘因去自行發掘方法。就像船長一樣，那些公司通常有很多內線方法，是政府不可能得知的。政府以前強迫發電廠安裝一種『精密清潔器』，去清除煙囪所冒出來的二氧化硫。『精密清潔器』非常昂貴，大概要上億美金。裝就裝，沒問題，反正成本到頭來也都是要消費者來負擔，再說，推行的效果也很好，因為它鼓勵人們不去用那些會污染空氣的能源。可是，『精密清潔器』是清除煙囪排出二氧化硫的最好辦法嗎？這可能是一時之間最好的辦法，不過，它沒有給發電廠誘因去改善問題，就好像我剛才舉的例子，即使我們把保住犯人性命的方法都告訴船長，成果也好不到哪裏去，因為缺乏誘因。話說回來，政府最後頒布了一條極端『輕而易舉』的方案，以管制二氧化硫的排出量，它明文規定，任何公司排放二氧化硫，都必須申請排放權許可。」

「結果政府發出多少張許可呢？」

「問得好，現在所有的發電廠都有一個排放量配額，但是都比以前少一點。所以現在就輪到他們頭疼了，他們必須設法少排放一點二氧化硫，或者是向其他已經減量達到標準的工廠，購買他們用不完的額度。因此，法律巧妙地懲罰那些創意不足，不能減少排放量的工廠，同時也獎勵那些做得到的工廠。可想而知，發電廠紛紛想辦法，用最低的成本，使空氣更乾淨；這個辦法也的確對二氧化硫減量很有幫助。不過，不是每個人都對結果感到滿意，有些環保專家認為這點子太棒了，有些則在道德上批判政府，認為它不應該容許發電廠花錢就能污染空氣。某些環保專家還認為，環境污染不是現代經濟行為難免要付出的代價，而是一種罪惡。」

山姆不再說話，望著窗外。他的注意力好像飛向遠方，過了一會，才又回過神來。

「大家有沒有擔心過有朝一日，雞也會絕種呢？」

學生哄然大笑，不知道他到底在說甚麼。

「傑森？」

「我猜雞也和開心果一樣，就好像說，我們的能源不會有耗盡的一天，我們的雞也不會被我們吃光。」

「回答得不錯，可是這背後的經濟理論不太一樣……有人還記得那個『開心世界』，我真是太感動了。大家知不知道美國現在有多少隻雞呢？其實我也不知道，不過我想應該有十億隻以上吧？十億耶。傑森的想法是沒錯的，雞不會在短時間內就絕種，可是，大家有沒有想過原因呢？我們的隼正瀕臨絕種。為甚麼雞就有那麼多，而隼就那麼少呢？為甚麼牛就有那麼多，而鯨魚就那麼少呢？比較淺顯的說法是，雞和牛都是家禽，我們可以把牠們用柵欄圍起來飼養，鯨魚和隼則不可能這麼做。此外，人們有充分的理由去擁有、餵養和照顧牠們。遺憾的是，一些非私人擁有的資源卻被濫用了，空氣、海洋、大海中的鯨魚……。大家都知道，我一向都對政府法令抱持著懷疑的態度，因為在我的觀念裏，經濟體是會自我規律的，而在自我規律的範疇中，私人財產是我們最關注的重心。也就是說，你會很謹慎地運用自己的錢；對朋友的錢，可能就稍微大意一點；至於陌生人的錢嘛，那根本就會任意揮霍。為甚麼呢？因為風險和報酬。當你在使用自己的錢時，你要承擔風險，但會享受到報酬。可是，當所有權並不是很明確時，誘因消失了，因此，立法規範個人行為，就變得更為迫切需要了。大家可不可以想出個辦法來，讓鯨魚可以享受到和雞一樣的待遇呢？」

山姆不說話，抬頭望著天花板。同學都覺得這只是個修辭式的問題，等待老師自己說出答案。

「好像不太可能做得到，」山姆繼續說：「可是，在辛巴威，他們想出一個方法讓各村落擁有大象。他們可不是像養雞一樣在養大象啊，而是容許村民向前來觀賞大象的遊客收費。同樣的，想射殺大象的人也必須付費，他們……」

「齷齪！」有位學生在喃喃自語。

「你指的是哪一件事齷齪呢？」山姆問道：「是射殺大象，還是鼓勵人們去射殺牠們？」

「兩件事都很齷齪。如果我們鼓勵人們去射殺大象，又怎能保護大象呢？」

「這種做法對雞就有效呀。我們愛吃雞肉，因此農夫有誘因養雞、照顧雞。你不是很矛盾嗎？你認為人類愛吃雞，雞隻數量就會減少嗎？不過，我了解你的意思，容許人們去射殺大象，真的是很齷齪。我個人很喜歡這種動物，牠們長得很漂亮。讓人們付錢就能夠享有殺死牠們的權利，聽起來的確很恐怖，對嗎？可是，當村民能夠從活生生的大象身上獲利，而不是大象死了之後才有錢賺，他們的誘因就改變了。因此，他們希望大象的數量增加，如此一來，他們就可以從遊客和獵人身上賺更多錢。所以現在，他們紛紛闢地作為棲息場所，並且和警察合作，防堵獵人偷偷殺害牠們。」

「偷偷殺害牠們和獵殺牠們，沒甚麼差別吧？」同學問道：「再怎樣說，大象到頭來還不是死了？」

「可是大象的總數卻大大不同呀。偷偷殺害大象的人會想殺掉每一隻自己看到的大象。如果村民在自己管轄的地區，擁有該區大象的所有權，他們絕不會希望每隻大象都被獵殺的。因為他們知道，這會帶來短期的利潤，卻有損長期的發展。從七〇年代中期起，辛巴威開始發展這項所有權計畫。到了現在，即使辛巴威政府容許人們狩獵大象，境內的大象數量卻增加了不少，相形之下，整個非洲大陸卻因為濫捕，使大象數量減少了一半。除此之外，辛巴威的村落曾經為饑荒所苦，現在已有能力用賺來的錢興辦學校及診所了。當然，還是有人不滿的。有些環保專家就反對辛巴威的做法，認為狩獵大象是不道德的。也許這真的是不怎麼道德的行為，但我們在下定論之前，必須要看自己最關注哪件事。再說，辛巴威結果保育了許多的大象。」

山姆停下來了，他看看手錶。

「各位，我們時間不多了，」他說：「我要跟大家講個故事，等一下會再對這門課做個總結。幾年前的一個夏天，我和幾位朋友一起去黃石公園遠足，遠離了遊人眾多的『老忠實噴泉』（Old Faithful），上去蒙太那（Montana）。那天天氣很好，最低氣溫華氏六十度左右，天空一片晴朗，沒甚麼雲，也看到遠處被白雪覆蓋的山頂。那種天氣會讓你永遠記得：『天啊，活著的感覺真好。』我們走到半山腰，路旁是一片不太高的松樹林，往下看是美麗的山谷，一條河流蜿蜒而過，再往河流的盡頭看去，則是一座接一座的山丘，再望得更遠，是綿延不絕的山峰，風景好極了。」

山姆停下來了，回味當時的美景。

「突然之間，在我們的右手邊，我們聽到有東西在移動。原來是一群麋鹿，大概有十隻吧，正越過松樹林。看到牠們，我們嚇了一跳，其實，牠們看到我們，不也是大吃一驚嗎？牠們盯著我們看一陣子之後，就跳進樹林裏了，我們也目送著這群美麗的動物消失。那是很特別的一天，我們居然看到麋鹿了。這提醒了我們，我們並不是身處在類似明信片一般的美景中，而是真正在野外，至少我們是這麼想的。」

山姆開始踱步，同學們都不知道他要說些甚麼。

「我從那趟旅遊回來之後，就找了些有關黃石公園的書來看。大約一九〇〇年時，聯邦政府成功地減少了黃石公園的狼群數量。一些牧場主人很滿意，因為再也不會有狼從公園裏跑出來，傷害他們的牲口。而且，黃石公園的遊客也不必擔心，那些兇惡的狼會突然跳出來襲擊他們，或者是他們的小孩。到了一九三〇年代，所有的狼都絕跡了。與此同時，麋鹿的數量卻增加了。隨著狼的絕跡，麋鹿不斷地增加，再增加。公園的管理當局樂見這種情況，因為遊客樂於在旅程中看到野生動物，就像我一樣。」

山姆暫停一下，思考該怎麼繼續說下去：「當你干預、插手一個複雜系統（complex system），往往會產生一些意想不到的結果。其中一個結果是很明顯的，所謂僧多粥少，麋鹿變多了，牠們的糧食自然就變少了，因此，她們就吃掉河邊生長的植物，例如小樹、灌木、矮樹叢、楊柳、白楊等等。沒想到海狸正是依賴楊柳和白楊維生的。所以說，解決黃石公園的狼群問題，同時卻製造了海狸瀕臨絕種的問題，真的是一大諷刺呀。狼會吃海狸，大家都覺得解決了狼，就會間接造福海狸。實際情形卻剛好相反。」

山姆搖頭嘆氣。

「在一九九五年，政府決定再次把狼引進黃石公園。我猜美國人現在更能領會到，甚麼才是真正的原野生態。黃石公園裏住著一百二十匹狼，有了牠們的存在，麋鹿的數量減少了，卻再也挽救不了海狸。如果真的要讓海狸重回黃石公園，政府必須先建造一個人工的棲息地，然後再把牠們引進來。」

山姆停下來，讓同學好好思考這堂課所談到的重點。

「上第一堂課的時候，」他接著說：「我告訴大家要記住開心果。我希望你們記住，提供誘因來解決問題，是最有效的。今天是最後一堂課，我希望你們記住麋鹿。當你提供誘因時，記住，要考慮到那些不可預知的後果。也許我們出發點是善意的，可是，如果我們忘記了這些誘因是和複雜系統密切相關的，那麼我們可能會鑄成大錯。犧牲了黃石公園的海狸，把大自然的寶藏改變為更大型的麋鹿培育場，這種做法已經夠糟了。如果是經濟政策的話，當然影響更大，因為這關係到人們的生活或生命。很多時候，我們無心地製造了一些惡果，有時候甚至是大錯特錯，而這些錯誤通常是人們看不見的。就好像那天我看到了麋鹿，覺得很開心，但我卻沒發現海狸怎麼不見了。不少經濟法令也是如此，那些無法預見的代價，往往到最後，是落在本來需要幫忙的那群人身上，要他們來承擔。你們要訂定可行的法令，而不是一些讓你自以為偉大的法令。如果你們想要成為出色的經濟學家，要留意那些『看不見的地方』。」

山姆看看牆上的鐘，只剩最後幾分鐘了。

「很好，我們就談到這裏吧。接下來，我要總結這一門課，不過，我知道你們以後一定會忘記在這裏學到的東西。」

有些學生在哈哈笑。

「我是說真的，這是大腦的結構問題。不過，如果你們要繼續走這條路，我還是希望你們要記住幾件事。我們談了很多市場經濟的力量，例如，競爭如何使人們在自利動機的驅策下，改善這個世界。大部分人都看到市場上物質的一面，譬如說，資本主義如何使人致富。我要你們記住一件事，金錢並非一切。我知道這句話出自經濟學家的口中，是有點怪異。經濟學談的不是金錢，而是能為你帶來滿足和快樂的一切事物。這句話對個人而言，指的是，薪水不見得就是衡量一份工作好壞的關鍵因素，如果有兩份工作擺在你面前，要你選擇的話，除了薪水之外，它們能提供的其他待遇都相同，你當然會選那份較高薪的工作。理論上是如此，但通常兩份工作不可能給你完全相同的待遇。你還要考慮哪一份工作讓你有成長、學習的機會，能讓你對社會有甚麼貢獻，以及伴隨而來的、一己的成就感。對整個市場來說，這個道理也是相通的。」

山姆停下腳步，坐在桌子上，面對學生。他暫停了好一陣子，暗示同學們他以下的話非常重要。

「資本主義讓我們富有，」他說：「但我可不是因為這樣而喜歡它的。市場不受政府規範，而是由競爭來規範，讓我們每一個人都有機會憑一己心願來改變這個世界。對某些人來說，這可能只是單純地賺錢，供應自己和家人的溫飽；對其他人來說，則是帶給這個世界前所未見的產品，改變人類的生活。不論是前者還是後者，金錢幾乎都是次要的。最重要的是，市場能夠讓我們感覺到自己的自由意志，充滿幹勁地走我們的路，作出我們的選擇。有些人認為人生是孤軍奮戰，成敗都必須自己來承擔。我告訴大家，我們不必感覺孤單，儘管每個人都可以作出自己的選擇，並不代表我們能夠自給自足。再說，它沒有把愛、善行、團隊精神排除在外。這些正面的情感，都是靠我們自動自發地去創造，並且互為連結，編織成一個同心網。」

山姆又開始踱步。

「最後，」他說：「我希望大家學到尊重他人的選擇，這是非常重要的一點。你一定比我更了解你自己，所以，我深信你有權利去選擇自己喜歡的生活方式，只要你的行徑是平和的。

換句話說，雖然你認為你知道得更多，你還是要尊重我的選擇。把別人當作成人看待，而不是小孩子，是人性的基本原則。你們這群少年，也即將長大成人了，現在是學習當大人的最後機會了。好好享受你們即將擁有的自由，也要好好去運用這一份難得的自由。」

山姆走到窗邊，窗外是雅致的中庭，當天氣好的時候，同學們都會坐在那兒曬太陽。山姆也曾經在那裏和羅拉一起欣賞〈優里西斯〉那首詩。他好像正在看著他們坐過的長椅，可是，實際上，他的思緒飄得更遠、更遠。

「經濟學談的是看世界的方法，」山姆回過頭來面對學生，並且繼續說：「它一直在提醒我們，天下沒有白吃的午餐。每走一條路都表示，其實還有另外一條路尚待開墾，你可能因為自己的選擇而後悔，可是擁有選擇的權利總是好的。我很高興能住在一個不能白吃午餐的世界裏。一個不談後果和代價的世界，其選擇將不再具有意義。不負責任的生命，並不是成年人的生命，而是動物、孩子或機器人的生命。」

山姆又再停下來，坐在桌子上。他掃視每位學生，真是一群好孩子，真高興能教到他們。

「最近，我對於在愛德華高中的授課以及生活，作了幾個選擇。」

鈴聲響起，下課了。學生們動也不動。

「我想要讓大家知道發生了甚麼事，」山姆繼續說：「我要離開愛德華高中了。相信大家都想知道原因，其實是因為我和校方對某些原則有些歧見。很抱歉，我只能說到這裏，不過，我可以告訴大家，我很喜歡教書，也榮幸能夠教到你們，以及其他班的同學。」

他強忍住離情，努力地說：「我會想念你們的。」他再次看著每一個人的臉。接著，他低頭整理桌上的文件。

同學們都靜靜地坐在位子上，儘管他們心裏有千百個問題，他們也看得出來，現在不是發問的時候。山姆抬頭，看到他們還坐在位子上。「大家可以下課了。」他微笑著說。同學們這才悄悄地離開教室。

「艾美，」山姆說：「妳留下來一下好嗎？」

每個人都離開了之後，艾美坐在老師桌子正對面的位子上，而山姆則在桌子旁邊。

「幾個月前，有人送我一份禮物，」山姆開始說：「我知道送禮的人是出於一番好意，可是這份禮物……是我不能接受的。很抱歉，放在我這兒那麼久，我才拿出來。」

山姆拿出一個信封。

「我並不是想為難你，」艾美接住那個信封說：「我爸爸一定跟這件事有關，心想這些收據一定會叫他很難堪。我以為你可以用這個來對付他。」她差點要哭出來了。

「這的確很有用，但是，很抱歉，畢竟這些不是屬於我的。」

「你為甚麼不反擊呢？」她忍不住開始哭泣了。

「因為這是一場我贏不了的戰鬥；這是一場我不想贏的戰鬥。如果是真正的戰鬥，一場理念的戰鬥，我永遠永遠都會反擊的。我真希望當妳再長大一點、再多唸一點書、再多思考之後，妳還是站在我這一邊。妳很聰明，我期望妳能表現不凡。我們保持聯繫，好嗎？一旦我知道我會去哪裏教書，我會把地址留給學校的。」

艾美故作鎮定：「好，老師，謝謝你。」

她走了之後，山姆還在教室裏徘徊。他坐下來，把腳蹺在桌子上，雙手交叉在腦後，回味著過去一年的美好時光。好一陣子，他才慢慢收拾自己座位的文件和雜物。

19 修正這世界

「『我在上帝聖壇前立誓，永遠對抗利用暴政，壓制人類心智者。』這句題銘很不錯，妳覺得呢？」

山姆和羅拉正在潮汐谷（Tidal Basin）野餐，那個地方距離傑弗遜紀念堂數百碼，在它左邊是華盛頓紀念碑，再看遠一點，則是被樹叢包圍的白宮。那是六月初的某一天，他們早上就把學生的成績交出去了，而畢業典禮將在星期天舉行。

「這句話總結了傑弗遜的世界觀。」山姆說明。兩人剛好選了一張面對傑弗遜紀念堂的長椅坐著。

「它是記載在哪裏呀？」

「不知道耶，是刻在石頭上的，就在那邊，」山姆指向紀念碑說道：「不仔細看還看不到呢。它是嵌在石碑上方的圓頂邊緣內側。這裏是我最喜歡的地方之一。」山姆靠在椅背上，看著河的對岸。

「山姆，聽你這麼說，我很訝異耶。我們現在正坐在彰顯政府權力的中心點，看著把政治理念表達無遺的紀念碑。說真的，我一直以為你對政府權力存疑呢。」

「沒錯，可是我愛美國，它仍然是充滿一切可能性、實現各式夢想的樂土。這是因為很多美國人都深信，我們有權去擁有自己的理念。這種權利來自於自由意志，能夠解放、提升人類的心靈。還有呀，妳看那邊的國會大廈，」山姆指向遠方：「很多見不得人的事都是從那裏開始，在那裏結束。妳看，因為它離這裏很遠，傑弗遜紀念堂高高地罩住它，真好。」山姆停了下來，「我給妳看一樣東西，不過妳要站在正確的位置。」

山姆和羅拉沿著潮汐谷走了約二十步，然後山姆就指向傑弗遜紀念堂說：「妳看。」從羅拉站著的位置，她可以看到傑弗遜的銅像屹立在石柱之間。這個銅像比傑弗遜實際身型還巨大，高聳入雲。「看起來就像是在看顧這座城市，」山姆說：「我也很喜歡這種感覺。傑弗遜點燃了國人意識裏的自由殿堂，這就是美國夢。它不是發財的夢，而是個人基於自我認知，追求屬於自己的幸福。我最喜歡坐在這裏，思考一些這方面的問題。」

「我從沒來過這裏耶，還蠻不錯的。」她看著河邊低垂的櫻桃樹，彷彿利用樹枝來保護自己：「等到櫻桃樹開花的時候，一定更漂亮。」

「很雅致，但我比較喜歡現在這時節，遊客少一點，比較安靜。」他們走回長椅那裏，開始一邊吃午餐，一邊欣賞風景。終於，山姆打破沉默。

「我要把所有事情都告訴妳，」他對著羅拉說道：「一切有關離開愛德華高中的事。其實，我不應該告訴任何人的，可是我不會把妳當作『任何人』看待，所以，我還是要告訴妳。

我也不相信任何的小道消息，所以也請妳保守祕密。這個故事實在不值一提，可是直到現在，我還是很生氣。不過，我已經學會心平氣和地接受它了。」

「我在聽，而且我會保密的。」

「謝謝妳。好吧，妳知道艾美嗎？」

「當然知道，聰明的女孩、排球明星球員、老爸是國會議員、金髮碧眼的美女……」羅拉不說話了。

山姆看到羅拉臉上關注的表情。

「別擔心，這和艾美無關，至少不是直接有關。是她爸爸，一直都在國會有一席之地的杭特議員，他同時也是學校董事之一。他常做善事，也深得民心。他們既有錢又有勢，也應該常做善事的。我知道是他向董事會施壓，要求校方終止我的契約。」

「因為？」

「我不太清楚真正的原因，但我可以猜到個大概吧。我想，他不喜歡我教她女兒的那一套。她變得……唔……我不知道該怎麼說……」

「一個浪漫的自由經濟分子？」

「沒錯。以前被稱為『古典自由主義者』，也就是指，相信個人的分權、非計畫式決策。而她的爸爸呢，則是干涉主義者、服膺中央計畫者、父權主義者。妳是知道他的。」

「我很欣賞他，至少我曾經欣賞他。你怎麼知道是他做的呢？」

「對於我的教學，行政部門展開了『調查』。他們約談了我班上一群學生，問的問題都和他們所稱的『不平衡教學』有關吧。我很確定有學生曾經提到，我對政府法令存疑。妳知道嗎？我不只教他們這一點，我還試著教他們怎麼思考、怎麼利用經濟學去看這個世界。可是，我的確是對政府法令存疑，而『調查』就圍繞這一點打轉。最後，他們的結論是，我在誘導學生為了某些特定的意識型態而變節。」

「真荒謬呀，山姆。」

「是我的理論，還是他們的控訴？」

「他們的控訴。每位老師都有權在課堂上傳授他們的理念，我教華滋華斯和狄更斯時，就是這麼做的。每一位教政治和歷史的老師全都這麼做。」

「我知道，可是我可能是個異類吧。如果不是全部，就是大部分的董事都抱持著和我不一樣的哲學。我是個叛徒、一個異端。而且，我也開了些不該開的玩笑，比方說，我取笑一些所謂的『關懷法案』（caring legislation），因為它實際上會傷害到那些需要幫助的人。我應該閉嘴的，不過現在這些玩笑已經傳到在位者的耳朵裏了。」

「你會反擊，對嗎？對這個決定聲請上訴？」

「不，我要離開這學校了。不過，我會參加畢業典禮，和我的學生道別，然後再去找新的工作。」

「山姆！」羅拉大叫：「這不公平呀，你一定要反擊！」

「我已經考慮了好幾個月了。其實我有兩個機會，不過，我最後還是放棄了。第一個是一個很好笑的機會。有一天深夜，事實上，那天剛好是從妳爸媽家演鬧劇回來，有一位匿名人士放了一個包裹在我家門口……唔，包裹沒署名，但很明顯是艾美做的，因為裏面裝著她爸爸的刷卡收據，餐廳啦、旅館等等。我猜他不是搞外遇，就是犯罪，和菸商的說客打交道。」

「勁爆新聞啊。」

「太勁爆了，妳說過要保守祕密的哦。」

「知道了。」

「而他的女兒呢，在我的班上像塊海綿一樣，吸收著我說的每一句話，不是因為她從沒聽過我這套理論，就是在背叛她從來見不著的爸爸，或是在為她媽媽出一口氣。誰知道呢？無論如何，這整件事就是亂糟糟。更重要的是，威脅恐嚇絕不是我做人的原則。我怎麼可以利用偷來的資料，來解決自己受到侮辱的這件事呢？」

「這不是被人侮辱這麼簡單，這簡直就是不公平呀！」

「我可沒想那麼遠，反正我把收據還給了艾美。」

「好吧，你的決定是對的，要是整件事爆發出來，牽連會很大。可是你為甚麼不上訴呢？」

「我曾經試過上訴，而董事會也安排好聽證會的日期。好多好多個晚上，我躺在床上，幻想著自己用一流的口才，為學術自由而辯護，不過後來我還是決定取消上訴。」

「學術自由應該是好學校的焦點呀。你本來可以贏的，你本來可以保住工作的。」

「同意，聽證會的目標不是要能言善辯，而是要贏。我知道我贏不了的，這種事只會在電影裏發生，我不可能看見杭特議員最後站起來，一邊擦眼淚，一邊說：『我一輩子都活在謊言裏，孩子，回來吧。』」

「可是你至少可以解釋自己的理念呀。你怎麼可以就此撒手呢？」

「我不確定自己可不可以保持理性。對妳哥哥大小聲是一回事，對議員和其他董事大小聲又是另一回事。我很害怕自己既無法達到目的，又在眾人面前出糗。」

「你還有另外一個選擇呀，去告他們。」

「憑甚麼告他們呢？」

「整件事充滿歧視色彩。」

「我不認為經濟學者是受到反歧視法保護的。」

「可是猶太人就是啦。你是猶太人，對嗎？」

「是的。」

「你可以說你是因為種族歧視而被革職的呀。」

「這是在撒謊呀。」

「你不知道，你不知道真正的原因，也許真的是因為種族歧視主義呀。」

「這點我存疑呀。無論如何，我不相信那個法令。」

「甚麼法令呀？」

「反歧視法。生命本來就是充滿歧視的。」

「山姆！」

「我不是指壞的那一種，雖然那也會伴隨而來。我們選擇朋友的時候，就帶著有色眼鏡；我們選擇居住的地區時，就帶著有色眼鏡；歧視是一種選擇——選擇某些東西，拒絕其他東西。愛德華高中拒絕了我，我必須面對。」

「可是他們是因為一個不公平的原因拒絕你呀！」

「這不打緊，我相信他們有權這麼做。」

「為甚麼？為甚麼呢？」

「因為他們比政府、陪審團、或法官更懂得怎麼去經營一所學校。」

「對這件事來說，他們做錯了呀！你是一位很棒的老師。」

「我是這麼想，他們不這麼認為。不過，我也不會抓狂，只是生氣他們指控我『偏袒商業行為』，真是豈有此理。」

「可是你是在偏袒商業行為呀！」

「我沒有！我是『偏袒資本主義』。」

「這有甚麼差別？」

「大大的不同呀。我敬重商業為我們生活所帶來的貢獻、我敬重利潤能激發出來的新創意。可是，利潤是被市場所規範的，它本身卻沒甚麼優點可言。」

「我就不懂啦，你說過，利潤底線就是一切。」

「我相信做生意必須力爭上游、賺錢獲利，而不是在做慈善公益。商人在力爭上游，創造出更新、更廉價的商品，從而使我們生活得更好；商人在力爭上游，從而禮遇消費者以及員工。可是，這並不意味著，通用汽車（GM）倒閉了，這個國家也跟著完蛋了；或者是，根據法令對企業獲利的衝擊，來評估法令是好或是壞。當媒體在吵最低工資的時候，它們會說把最低工資訂高一點，就是對員工有利，但卻是對企業不利。反對最低工資的經濟學家卻有不同的看法，他們認為這樣子會把沒有一技之長的工人趕走。反對在工作場所訂定安全法令的經濟學家，並不是在為企業利潤說話，他們反對安檢的原因是，把相同的法令套在不同的員工身上，就如同規定每個司機都要使用安全氣囊一樣。對某些員工來說，他所得到的利益可能還比不上他付出的成本。我反對最低工資，我反對在工作場所訂定安全法令，我反對關稅和配額，即使它們會增加某些美國企業的財富；我反對補助產業，我贊成經過慎重規畫的環保法令，我……。」

「好了好了，鎮定點，鎮定點。」

「對不起，我是資本主義的擁護者，也因為如此，我發現，不論是因為我被別人指責是商人的爪牙，或者是因為丟了一份工作所迸發的怒氣，都和學校決策公正與否無關。我花了一段時間才想通了這整件事。我一旦想通了，就明白他們是有權這麼做的，而且我也覺得沒甚麼不公平的。」

山姆不再說話了，他此刻心境平和，彷彿是悠游在溪流中的水鴨。華盛頓紀念碑還倒映在水中，閃閃發亮。

「我想經濟學家對『公平』兩個字不怎麼在行啊。」羅拉說。

「我們對『公平』的定義，可能和一般人不太一樣。大部分人把它解釋為平等，如果妳有一些我沒有的東西，這就叫做不公平；如果妳有一份我想要，卻又要不到的工作，這就叫做不公平；如果妳賺錢比我多，這就叫做不公平。我完全不能同意這些定義，可是我的論點並非來自經濟學，而純粹是我的哲學而已。我對公平的定義是：『一切以規則為依歸。』波士頓賽爾提克隊（Celtics）連續贏了八年的NBA總冠軍，有些人說這不公平，因為他們贏得遠遠超過了『公平的界限』。而『公平的界限』的意思是，你不能取得多過其他人可以得到的東西。但依我看來，他們的勝利是公平的，因為他們在比賽時，『一切以規則為依歸』。」

「可是那是運動，而我們現在談的是你的人生呀。」

「之前我跟愛德華高中簽的合約，允許它有權解僱我。如果它把我解僱了，合約中也明訂，會付我一小筆錢作為賠償。同樣的一份合約，也註明我有權辭職。這就叫做公平。我不贊成說，一旦愛德華高中請我當老師，我就可以一輩子保有這份工作。如果他們想要趕我走，他們是有權這麼做的。」

「你說的『他們』是誰？他們可以泛指所有人，比方說，我自己、學生、當然也包括董事會裏希望你留下來的人。」

「我同意。但是，你總得找個人來為這個學校負責呀，在我們的學校，要負責任的是一群人——董事會和校長。一旦政府跳下來干預學校這項決策，賦予我權力去阻止學校解僱我，那麼許多不同動機的人又會有動作了。」

「山姆，我比你實際一點，如果能讓後果不那麼帶有歧視意味，我樂於干預體制。」

「妳是個種族主義者嗎？」

「我希望不是。」

「妳對女人有偏見嗎？」

「當然沒有啊。」

「假設政府叫妳把一五%的錢拿去光顧少數民族開的店，或者是五〇%拿去光顧女性開的店，妳覺得怎樣？妳認為這是公平的嗎？當然，妳要把所有的收據都留下來，以證明妳自己並不是種族主義者，或者是性別主義者。」

羅拉想了一陣子，一架飛機從他們的頭頂飛過，羅拉等著引擎的聲音消失。

「我會煩死耶！」她回答：「我不習慣留收據，做這種事沒甚麼意思，我想不太可能做得到。而且，如果政府規定人民要這麼做，我想店家也不會想要做好客戶服務吧？不過，我了解你的意思。可是，你去買東西的店家，和你因為自己的膚色而找不到工作，這中間有甚麼關聯嗎？」

「我想，妳有權去選擇自己想去的地方購物，而雇主也有權去聘僱他想聘僱的人。這也包括——我談的是妳私人的公司喲，妳有權全面聘僱非裔美國人或者是女性作為妳的員工，不論妳是覺得他們的效率比較高，還是出於過去美國人對少數民族不公平的補償心理。可是，我不認為政府有權利告訴妳，作為消費者或雇主的時候，妳該如何運用自己的錢。」

「這點我了解。可是單就求職這件事來看，似乎又有點不同。」

「妳為甚麼想要在一家已經不想要妳的公司上班呢？或是有人要僱用妳只是因為妳的性別，或者是膚色？我明知道愛德華高中不想要我了，為甚麼還要賴著不走呢？先不管他們要我走的原因，為甚麼我要動用到法律，逼迫他們僱用我？」

「你找不到其他工作的時候，也許就不會這樣想了。例如，你要養家活口。」

「沒錯，在那種情況下，也許我就沒辦法走得風度翩翩了。我相信我會找得到工作的，美國有那麼多學校，說不定有些還會欣賞我的哲學呢，不過，它們卻不見得是我想待的學校。如果愛德華高中真的是反猶太、或是種族主義掛帥，我深信一定也有歡迎猶太人、黑人去工作的地方。我不認為人們有權利去某個地方，霸占住某個職位。當妳運用法律去行使『想去哪裏工作，就去哪裏工作』的權利時，妳就切斷了『責任』最重要的兩個因素：選擇與報酬。」

「也許吧，可是我看不出來猶太人、或者是資本主義的擁護者，在找工作的時候，會碰到甚麼困難，但是膚色和性別就不同了。我不知道你碰到性別主義者、或是種族主義者的時候，會不會喜歡那種感覺。」

「也許不會喜歡吧。我承認，在某些情況下，在職場謀生的非裔美國人或者是女性，的確很辛苦。可是，可不要忘了，愛德華高中正在和數以千計的公立和私立高中競爭，如果它的行政單位持續抱持種族或性別偏見，學校的素質將會下降，招不到學生了。妳儘管放心，它會付出代價的。我最喜歡利用這種體系的力量，來強迫企業自我改善。」

「可是，愛德華高中已經是市內最好的高中了，它有優良的校譽，如果要它付出代價，我看它得要連續好幾年做錯事才行。你怎麼可以這麼輕易就放過它，任由它這樣對你不公呢？」

「因為我不認為這是不公平。它能成為市內最好的高中，是因為一直以來，校長和董事會都在追求卓越，我不想去干預這個過程。再說，如果這真的是一件不公平的事，它也早已被複雜的人心層層籠罩住了，要我用到法庭、法律制度去反擊它，我覺得一點意思也沒有。妳有沒有朋友的爸媽是離婚了的？」

「當然有呀。」羅拉回答，不知道他問這問題，和彼此的對話有甚麼關係。

「我媽曾經說過：『人心裏想的原因，往往是運用理智也猜不透的。』夫妻離婚之後，常常在想：『這到底是誰的錯呢？』其實，這是個很愚蠢的問題，即便是身為當事人的先生或太太，當他們抽離了自己的感情之後，也是無法回答。離婚是上千次濫用了相處時刻之後，所導致的惡果。你說她有外遇？是的，她有外遇。不是因為他的壞脾氣，她才另結新歡的嗎？是的，他脾氣很差。不是因為她常愛理不理的，他才發脾氣的嗎？是的，她也太自我了一點。她常愛理不理，不是因為他很沒禮貌、獨斷獨行、自私、可惡又愛動粗嗎？是的，你說得都沒錯。可是，她的確背叛他了。所以說，這到底是誰的錯呢？妳可以一輩子這麼左思右想，結果還是不知道到底誰該為這件事負責，而法律制度可不會笨到要去替誰作決定，甚麼是對、甚麼是錯。」

「這些又跟歧視問題有甚麼關係？」

「因為『歧視』只是一個名詞，它無法洞悉人性的複雜、或者是人類互動的關係。我們大概都很清楚，甚麼叫做謀殺吧？一個人死了，就是死了，所以當我們指控某人謀殺時，也許我們很難找到證據，但是，至少我們知道我們要找甚麼吧。可是，歧視又怎麼說呢？」

「得了吧，山姆，你看到有人或者是自己被歧視的時候，就會清楚感受得到的。」

「沒錯，在某些極端的個案上，的確可以感受得到。可是，妳不可以把它和模稜兩可的個案混為一談呀。一旦制定了具有經濟效果的法令之後，不只是種族主義者，還有每一位雇主，都可能要冒被控告的風險，因為歧視是無跡可循、無法衡量的。除非是在特別嚴重的個案上，否則歧視的爭議通常是最大的，換句話說，我們花了大量的資源去調查兩造的說法，為的是要揭發人性的真實面，這值得嗎？此外，一旦妳要把這件事搬上法庭，妳再也不是只在抓犯罪的人，而是在裁決人心。假設妳是利用某一條已通過的法令，去規範這種原罪，那麼恐怕聖人也會神經緊張起來。不要說是一般人了，即使是好心的主管，或者是員工，其實都會盡量避免官司纏身，因此當他們在聘請員工時，特別是在面對某些被保護的團體，比方說女性、少數民族、或是殘障人士，他們將會更加小心謹慎。畢竟，辭退這些人所需要的成本，要比聘請他們的成本要來得高。」

「聖人不必太擔心這個吧？」

「他們還是會擔心的。偏見是不能用尺來度量的。也就是說，我們不能證明辭退某個人，是不是和主管的偏見有關。一個公正的局外人是無法觀察爭議的背後，到底隱藏著甚麼理由。辭退某位少數族裔，到底是不是因為種族歧視？法庭常把爭議裁定為歧視。再來看看我的例子。五分鐘前妳叫我聲稱，學校是因為反猶太人而把我辭退的。如果要看反歧視法有甚麼不對的地方，我就是最好的例子。我到底做錯了甚麼，學校要炒我魷魚？我能不能把工作做得更好？我不是偶爾也會說些刻薄的話嗎？和別人辯論政策的時候，不也是常挑別人的毛病，說話很不公正嗎？最重要的是，我管理的能力糟透了。我常忘記要開會，常拖到最後期限才把學生的分數交給教務處，還有很多其他烏龍事，真是數不清。也許，這真的是學校的錯。也許他們就是不喜歡聘請標榜自由放任的經濟學家。也許吧，也許那些行政主管真的是有點反猶太的心理。走廊上看不到任何納粹的記號，可是當我到了贖罪日（Yom Kippur），必須取消上課，校長的臉色不是變得很難看嗎？還有呀，學校餐廳裏不也是常買不到裸麥麵包？這是一個深具文化意涵的舉動，還是很單純地只想節省成本呢？」

「你真的很傻。」

「是呀，我是個傻瓜，問題是，妳要花一輩子的時間來想，他們辭退我的真正原因是甚麼，進而想知道他們做得對不對嗎？羅拉，我是個唸經濟的，而妳呢，卻是個律師。我不是指妳現在的身分，而是說妳的世界觀。妳出身律師世家，我們看世界的方法是不相同的。」

「這我也知道呀。」

「我看『不法、不公正』的角度和妳大不相同，所以我不是老早就說過嗎？真希望妳不是唸法律的。如果妳覺得我對律師的看法不敬的話，可要原諒我啊。妳是個激進分子，看到有甚麼不對的地方，就想要把它修正。妳怎麼做呢？立個法吧。法令！但是，法令是個呆板的工具，它永遠都不只是把錯的事糾正，它會再生出一堆錯事出來。」

「我同意呀，不過，為了要打擊不法，我甘願冒險。我情願當個激進分子，也不要當個……怎麼說呢……『消極分子』。」

「不是每一件令人討厭的事都是違法的，魯莽無禮的人特別叫人討厭，卻沒犯法。妳說要立法把這種行為一律定義為違法，那就會讓社會上少一點魯莽無禮的人，可是這也會減少人類上千種其他的互動形式，因為大家都怕被告。立法把魯莽無禮定義為違法，讓法庭和執法者走進了我們的私生活，卻不保證能把真相還原。販賣古柯鹼是犯法的行為，把這種行為定義為違法之後，只會讓它朦上一層誘人的面紗，讓它的利潤更高而已。為甚麼不把它給合法化，然後以輿論來譴責這種行為呢？為甚麼不使用其他的方法，來遏止這種卑劣的行為呢？我不是『消極分子』，隨便妳叫甚麼都好，我不會隔岸觀火的。」

「你告訴我，我該怎麼做好了。我想要讓這個世界更美好，我要做些事情。我要為正義而戰，我要幫助別人。我不能坐視不管，讓它就此腐朽。我想要創造更美好的未來。」

「其實，我們不需要靠甚麼政治程序、或是法令之類的規範，也可以有很多方法，讓世界更美好。比方說，妳可以開一家公司，專門聘請弱勢族群來幫忙；妳可以到養老院，唸書給老人家聽；妳可以在受虐婦女保護所當義工；妳可以教不會數學的孩子學習數學；妳可以發明一些產品，讓人們生活得更好；妳可以行銷販售這些產品，讓人們知道它們的優點。透過妳的投入，這些做法都可以先嘉惠一小群人，再逐漸擴大到整個世界，讓它變得更美好。我不相信立法可以讓世界更美好，很有可能，妳會因此傷害了那群妳想幫助的人。再說，妳運用法令，反而會阻止那些本來想用其他更有效的方法，把事情做好的人。換個角度來看，我們可以利用群眾壓力，舉例來說，讓路人不敢隨地亂丟垃圾、讓人們不好意思在公共場所抽菸、更懂得如何教育下一代、更有宗教信仰、為人處事有所指引。與其強迫人們去愛他們的鄰居，不如教導大家先要看別人的本性，而不是膚色。當我們有能力成就這些事之後，這世界自然會變得更美好，而不是用白紙黑字把它條列出來而已。」

「這又回到我們原來的爭議，我不想要等著別人去改變觀念，我可沒你那麼有耐性。」

「我卻不習慣像妳那麼標榜強迫他人的做法。妳也聽到我上次上的那一堂課啦，我說如果人們少看一點電視，世界會更美好。可是，如果妳要用法令來禁看電視，就如同要用法令來反種族歧視一樣，世界是不會變得更美好的。甚至，如果我們能夠找得到人體內偏見的基因，並且可以把它消除，我也不確定這樣做會不會讓世界變得更美好。更深入地看，把人體內憎恨的基因消除，也不一定會好。我想，我們是在面對天性的問題，而法令並不能改變我們的天性。

它只會製造假象，讓我們誤以為把世界修好了。再說一句，強逼雇主去聘請女性，並不會就此修正他們性別歧視的觀念。」

「不一定吧。這可能會調整他們的看法、教育他們正確的觀念。也許，他們本來以為女人做不來某件工作，聘請女人之後，說不定他們就會改變觀念。如此一來，就會消弭一些偏見。」

「沒錯，從逼迫他人違背自己天性的觀點來看，這樣的成果是美好的。可是，不要忘了，有好就有壞，這樣也會造成不滿，從而使偏見加深。被保護的團體也許會把自己當成受害者，路幫他們鋪好之後，他們就不再設法充實自我。在成本的考量上，聘請他們就會成為一個負擔。」

「山姆，我們又回到原點了。我們用不同的方法看世界。」

「對，而且也不對。對，我們用不同的方法看世界，不過，我希望我們不要再像去年冬天那樣，在搭地鐵時爭執不下。對，我不可能去唸法學院，也沒有把妳改造成自由經濟的浪漫主義者。可是，妳願意採納別人的說法，而我呢，也不是想贏這場辯論。我只是希望妳了解，要修正這個世界，不是只有一種方法而已。」

羅拉笑著去牽山姆的手。

「我們去逛逛好嗎？」她說。

他們沿著潮汐谷閒逛，一直來到傑弗遜紀念堂。在欣賞著傑弗遜巨大的雕像同時，他們也仔細看石碑上刻著的文字。在紀念堂裏，他們呆呆地看著那些從全國各地而來，看起來也是呆呆的遊客。接著，他們走出去，坐在面對河流的石階上。

「這裏的風景也很棒耶，」羅拉讚嘆道：「看不到國會大廈，卻看到了林肯紀念堂。」

他們默默坐著，享受這難得的下午。他們現在沒有牽手了，但山姆感覺到，彼此間的連結、默契，已超越了單純的肌膚接觸。有她在身邊，山姆覺得很自在、很快樂。他要好好品嘗此刻的寧靜。最後，羅拉先說話了。

「謝謝你把私事都告訴我了，」她說：「我也有我的告白。我喜歡看到你像一條逆流而上的魚。可是，學校這件事……我真希望你能和別人一樣，隨波逐流，把自己的工作爭取回來。不只是因為你是個好老師，應該留下來，更是因為明年你不在，我會很想、很想你。告訴我，你至少會留在這個城市。」

「我是很想留在這裏的，尤其是我們現在已經練就一身好功夫，可以平心靜氣地去討論一些問題，我還想和妳多聊天呢，談詩、談中國菜、談羅馬城外的山……。我想我們可以的。甚麼時候可以再見妳呢？」

羅拉微笑看著他。

「我想，禮拜六晚上吧。那天，學校有個畢業晚會。我是顧問，所以一定要去，你會來嗎？孩子們要我一定要帶你去。」

20 畢業晚會

每年，愛德華高中的高年級生，都會檢討他們一整年的學習情況，再用諷刺的表演方式，呈現在所有同學的面前。晚會是在學校禮堂舉行，節目包括幾齣短劇，其中穿插幾首諷刺時弊的歌曲，也許曲子是用現成的流行曲，但歌詞則是被改過，內容往往叫人捧腹。當晚，美其名為表演，實際上是藉機開開老師和行政主管的玩笑。同時，也因為學校位於美國的首府，他們也很喜歡透過表演，來批評當年發生的重大政治事件。整個過程都會製作成錄影帶，供學生留作紀念。

按照慣例，晚會都在星期六舉行，也是畢業典禮的前一天晚上。每一年，都要選出一位老師，充當學生的顧問。顧問的工作是要把玩得太過火、或低俗的表演刪除，如果老師還會玩些樂器、排排戲，那就更理想了。一般而言，這份工作會落在英語系最資淺的老師頭上，羅拉是今年的顧問。

其實，羅拉只比台上表演的同學虛長幾歲而已，因此，在排練的過程中，她已經和同學們打成一片。同時，也因為她對樂器有些研究，她對同學們的表演及道具，也提供了自己的看法和建議。

山姆和羅拉到達大禮堂的時候，那裏已經擠滿了學生，以及來自全國各地，準備要參加畢業典禮的家人。在傳統上，教職員通常都是站在後排，準備接受一些戲而不謔的小諷刺，如果在演出中有人模仿自己上課的情形，或者是說話的方式，大部分教師都會覺得蠻光彩的。通常，那天晚上每個人都會很開心。

可是山姆和羅拉卻神經兮兮地等著表演開始。羅拉期待所有的表演都能順利進行，而山姆則擔心自己的事情會被學生影射，儘管羅拉已經一再告訴他，所有有爭議的節目，都被她過濾掉了，絕對不會搬上舞台。

晚會一開始，學生就把過去一年的政治醜聞編成一首組曲，贏得滿堂的喝采。事實上，家長之中就有許多政商名流，某些程度上都和華府政治圈沾上邊。山姆覺得學生表演得太精采了，而羅拉看到一切進行得很順利，也鬆了一口氣。接著上演的是幾齣短劇，把老師的神情、語氣和教學方法都模仿得唯妙唯肖。

節目很不錯，也看得出來，學校的確培育出好幾個很有才華的學生。在最後一齣戲裏，學生們把去年的重要事件，以歌唱的方式呈現出來。戲演完之後，掌聲和喝采聲一直不斷。過了好一陣子之後，當晚的節目主持人艾美走到台上，很興奮地把觀眾群裏的羅拉叫上台，在掌聲持續不斷的情況下，艾美獻上一束玫瑰花給羅拉，而站在台上中央的演員們，也一致鼓掌感謝羅拉。站在禮堂後面的山姆，看到同學們那麼喜歡羅拉，也很以她為榮。

接著，艾美舉起手，示意大家安靜。

「我們接著要帶來最後的安可曲，」艾美說：「也許大家也發現了，我們今晚的曲目，大部分都是流行歌曲改編而成。接下來的這一首歌不一樣，它來自電影《綠野仙蹤》，當中稻草人所唱的〈假如我有腦袋〉（If I Only Had a Brain）。我們把這首歌送給一位教學大師。他曾經教導一群高年級沒大腦的學生，讓他們學會要怎麼自己思考，就好像稻草人要求上進、要思考一樣。遺憾的是，他快要離開這裏了，我們要藉著這首歌，向他道別。」

演員全體走到舞台的前面，羅拉退到一邊去，不知道該怎麼辦。她好想走過去問艾美，到底這是怎麼一回事，可是卻想不出好方法。她開始恐懼，而山姆也一樣，感到胃在翻騰。與此同時，音樂響起，演員們齊聲高唱：

從前有位老師，
學經濟，也愛講人生的道理。
上他的課很費神，
但他要離開了，
我們還是很遺憾。
當然，我們的傷感，
是來自我們的左右腦。

有些人說他像個匈奴王，
雖然他們說的，
沒有片字片句真。
儘管他身材像義大利麵條，
可是他從沒教過墨索里尼，
而且，他的觀點很溫和。

音樂轉到比較輕快的快板：

他愛看到我們思考，
他知道學習的目的。
他們把他推到牆角，
還把他趕出大門。

音樂又轉回主旋律：

我們要向山姆致敬，
經濟學界的麥可．喬登，
董事會不知道我們有多愛他，

真是一群瘋子。
如果他們有腦袋，
就永遠都不會踢他走。

觀眾席上的學生瘋狂叫囂，而家長和貴賓卻滿臉疑惑，不知道這是怎麼回事。哈爾金校長火冒三丈，推開人群一路走到前面，打算從充當攝影的學生手中，搶回攝影機。每個人都往後望，想在人群中找到山姆，看看他的反應。可是，他早在歌還沒唱完之前，就逃走了。所以，他也沒聽到艾美最後要講的話：

「這首歌是晚會給大家的驚喜，羅拉老師事前毫不知情。這完全是我們的錯，不過，我們要上大學囉！」

學生們紛紛跳下舞台，和台下學生鬧成一團。羅拉含著淚水，往左邊走回後台。

21 賞個零錢吧

九月的某一天，天氣晴朗，一位充滿自信的年輕女子，從愛德華高中走出來，逕向地鐵胡利公園站走去，打算去辦點私事。在地鐵站的入口，坐著一位蓬頭垢面的男子，儘管那天氣溫高達華氏五十多度，他還是穿著一件厚重的大衣。

「先生，小姐，賞個零錢吧。謝謝你。先生，小姐，賞個零錢吧……」他大聲地說。

年輕女子停下腳步，彷彿剎那間沉湎於回憶。路人看到她的樣子，可能會覺得她正在考慮要不要施捨個零錢給那個乞丐。事實上，她只不過想起過去的一位男性朋友。他們彼此有好感，儘管意見南轅北轍，卻能針對各種話題，聊得很深入。最後，她從皮包裏把錢包拿出來，掏出一張一元紙鈔，輕輕地放在乞丐的手上。正當她要踏上手扶梯時，聽到背後傳來一個聲音。

「妳不怕他拿去買毒品或酒嗎？」

年輕女子的金色鬈髮，在陽光下散發著健康的光采。她聽到這個聲音，突然停下腳步。這個聲音……她已經超過三個月沒聽到這個聲音了。保持鎮定，她告訴自己。她轉過身去，面對一位身材高佻的男子。「誰知道呢，」她回答說：「我還希望他這麼做呢。」

「呀！這樣……」那個男人說。他走到乞丐的面前，把一罐V-8果汁放進他的帽子裏。

「山姆！」羅拉既喜又怒地大叫：「你到哪裏去了？」

「我到哪裏去了？」山姆反問羅拉，也跟著她的腳步，踏上手扶梯。「過去幾個下午，我都在這裏閒晃，手上拿著一罐V-8果汁，隨時準備好要嚇妳一跳。如果妳今天還不出現，我就要用老方法——打電話了。」

「過去的三個月呢？我好想告訴你，那天晚上發生的事情。那首安可曲不是我的錯，我事前一點都不知情。我打電話給你，又沒人接，到你住的地方，也沒人應門。所以我就放棄了。我寫信給你，你也不回。你到底有沒有收到呀？」

「我上個禮拜才收到的。艾美也寄了錄影帶給我。」

羅拉的臉色變得愉悅起來。

「她哪裏來的錄影帶呀？我還以為哈爾金會把它藏起來。」

「是呀，他是打算這麼做。幸好那天有學生的家長把全程都錄起來，變成流通在學生之間的地下版本。事實上，我很榮幸擁有一捲由杭特議員親自操刀的『愛德華高中年度畢業晚會』錄影帶珍藏版，畫質好得不得了，他的攝影機一定很貴。」

「所以妳也聽到艾美那一晚的聲明囉？」

「對呀，你知道事實的錯綜複雜了，對嗎？」

「意思是？」

「我怎麼知道聲明是不是用來掩飾真相的呢？說不定妳就是幕後的主使者。」

「天呀，山姆，我從來沒對你撒過謊。故意帶你去看表演？不可能的。我……」

山姆把手舉起來。

「甚麼呀？」羅拉問道。

「手提攝影機的優點之一，就是可以把人瞬間的表情收錄起來。此外，妳也可以在正式版本以外，再取其他的攝影角度，看到不同的景象。由於杭特議員是坐在禮堂，他除了拍到站在台中央的女兒，和一群人高聲歌唱之外，還拍到舞台左側的幕後，有一位年輕女子，長得還很不錯啊。我剛才說了，錄影帶的畫質很棒，所以就看到她好像在哭呢……」

「山姆！」

「我把它看了一遍又一遍，證實她的確在哭。當然，妳也可以說她在假裝哭泣。可是，這麼說太離譜了嘛，對吧？這是陰謀論者的想法。」

列車到站了。就像一年前一樣，他們坐的這班車，也是擠滿了人，但他們很顯然無視於他人的存在。

「我的心情很糟，山姆。我告訴過你，你不會被提起，結果卻成了晚會的主角。那首歌讓我和你一樣嚇壞了——雖然我還是覺得它很棒。但是，當我發現你已經走了，我很難過。」

「對不起，那天我先走了，而且還是匆匆地衝出校門。第二天早上，我就離開華盛頓了。

說真的，我無法面對畢業典禮，也很不習慣變成眾人注意的焦點，這真的不是我的風格。我跑去休士頓找姊姊，而不是回聖路易爸媽的老家，而我先前登記要轉寄的地址是那裏。但是，那邊剛好放假，也耽擱了投遞郵件的時效，所以我很晚才收到妳的信和艾美的錄影帶。妳的信讓我很感動，因為寄一封信，要花很久的時間，我決定還是親自回妳的信，要來得有效率。」

「很高興你這樣，見到你我真快樂。你會住在這兒嗎？」

「我在找工作，最近都在替人代課。我會活得很好的，而且我還會追求一個我在這裏認識的女人。金髮、為人隨和、善良，卻被誤導了。」

「算了吧，你覺得和她有機會嗎？你們兩個就像水和油一樣，永遠湊不在一起。」

山姆看到羅拉的嘴角，隱約掛著一絲笑意。列車的車門打開了，他們踏出車廂。

「我在想，也許是油和醋吧，」山姆說：「妳必須花點力氣去把它們調在一起。我很慎重地期待著，也許得花點時間。但是，我會保有它，『直到海枯，親愛的，直到石爛』。」

「羅伯．伯恩斯（Robert Burns，編按：1759-1796，蘇格蘭大文豪、詩人，最著名的作品有〈驪歌〉〔Auld Lang Syne〕），對嗎？」

走向出口時，山姆點點頭。

「你最近還有看那些詩集嗎？」羅拉問道。

「有啊，只不過花了整個夏天。人嘛，往多方面發展，總是好的，對不對？」

他們一邊聊詩，還有這個那個的，他們走出那陰暗漫長的手扶梯走道，邁向耀眼的陽光。

致謝

我能夠順利完成這本小說，得感謝不少親友的支持。他們除了精神上鼓勵之外，更不吝於批評與指正我的初稿。他們所提出的觀點，涵蓋了政治及哲學兩大領域。儘管許多人不能認同書中某些，甚至是大部分的看法，還是有人能認同幾乎所有的論點。不論贊同與否，書中任何謬誤，都是因為我才疏學淺，與他人無關。

我很幸運遇到不少好老師、好學生，也讀過許多好書。其中有一些已列在書後，請參閱「資料來源與延伸閱讀」。在此，我要特別感謝我的老師蓋瑞・貝克（Gary Becker）、米爾頓・傅利曼（Milton Friedman）、蒂爾卓・麥克勞斯基（Deirdre McCloskey）、殊・柏拉契（Sol Polachek）、喬治・史蒂格勒（George Stigler）以及肯・偉仕（Ken Wertz）。他們啟發了我對經濟學的熱忱。

這本書在初稿階段曾被退稿無數次，因此，我要特別感謝麻省理工學院出版社（MIT Press），尤其是維多莉亞・瓦那（Victoria Richardson Warneck）、明娜・古瑪（Mina Cerny Kumar）、珍・麥唐諾（Jane Macdonald）的熱心協助；此外，我也要感謝茱迪・費曼（Judy

Feldmann）的建言和一流的編輯功力，以及所有麻省理工學院出版社的工作夥伴。

我有幸任職於美國商業研究中心（Center for the Study of American Business），並身為聖路易市華盛頓大學的一分子，必須感謝該中心的創始人及總監莫利．魏登榜（Murray Weidenbaum），他造就了一個非常適合思考與寫作的環境。

我要謝謝許多朋友，他們不斷鼓勵我，提供不少好點子，也對我的初稿給予批評指教。其中包括Derek Blakeley、Yael Bloom、Catherine Bradford、Anna Cantwell、Les Cook、Morgan Fahey-Vornberg、Tamar Fredman、Larry and Phyllis Terry Friedman、William Frucht、Pete Geddes、Susan Ginsburg、Dan Gressel、Lisa Harris、Jamie Harris-Gershon、Jon Hart、David Henderson、Scott Jennings、Kevin Kane、Robert Kirk、David Kowalczyk、Barbara and David Kupfer、Jennifer Krupp、Marc Law、Dwight Lee、Michael Levin、Arthur Lieber's Metro Class、Gordon MacKenzie、Dick Mahoney、Allan Mazur、Chris Moseley、Stephen Moss、Peter Mueser、Alan Nemes、Rafi Nemes、Bruce Nichols、Robin Orvis、Ed Peets、Sarah Pierson、Dan Pink、Kathryn Ratté、Andrea Millen Rich、Jennifer and Joe Roberts、Max Rosenthal、Andy Rutten、Allen Sanderson、Hyim Shafner、Sara Winkelman、Dalit Sharfman、Murray Weidenbaum、Ellianna Yolkut。

我要特別感謝我的父母莎莉和泰德．羅伯茲（Shirley and Ted Roberts），他們啟發我學習的興趣、教我欣賞詩、培育我擁有一顆愛心，以及改變世界的熱情。他們一再閱讀我的手稿，給了我許多寶貴的意見。還有明迪和史夫．費曼（Mindee and Zev Fredman），他們建議我用法蘭克·辛納屈的曲子，並且和我長談，也談到我們該怎麼做，才能讓世界更美好。伯弗和蓓倩·許克（Bevis and Patience Schock）也是一樣，可說是我的良師益友。丹·包德瑞克斯（Don Boudreaux）也指導過我的初稿，並花了很多時間告訴我該如何清楚表達經濟學理論。蓋瑞·伯斯基（Gary Belsky）是除了我家人之外，看過我的手稿最多次的朋友，他一直鼓勵我要把書寫得更好，也實際建議我要如何修改文字。

謝謝我幾個好奇的孩子，他們常問我：「山姆和羅拉怎樣了？」也一股腦兒興奮地期待我的答案。

最後，我要謝謝我的妻子莎朗（Sharon），寫書這五年來，不論是美好的、或低潮的日子，我們都共同度過了。她給我創作的靈感，並且不厭其煩地閱讀我的初稿，給予意見。對於這一顆「看不見的心」，她比誰都懂。

羅素·羅伯茲，聖路易市，二〇〇〇年十二月

資料來源與延伸閱讀

讀者若對山姆和羅拉討論的問題有興趣，以下幾本經濟學經典，對於山姆在經濟學、政治和政治經濟學方面的觀點都有著墨。接下來是跟每一章議題有關的一些資料與參考書目。

經濟學經典

假如讀者想深入探討「受干預」（fettered）及「不受干預」（unfettered）的資本主義，米爾頓及羅絲．傅利曼（Milton and Rose Friedman）的著作，可說是最理想的入門書。讀者可先參考《選擇的自由》（*Free to Choose: A Personal Statement*, Harcourt Brace, reprint edition, 1990，中譯本經濟新潮社出版）。儘管《資本主義與自由》（*Capitalism and Freedom*, University of Chicago Press, 1962，中譯本博雅書屋出版）一書的內容比較嚴肅，出版時也被許多人批評其內容一派胡言，但時至今日，書中所建議的政策，已廣為政壇決策者所採納。

看過傅利曼的著作之後，我建議大家閱讀費得萊．巴斯夏（Frederic Bastiat）的著作。雖然是一百五十年以前的書，但是讀來沒有距離，彷彿是為當代的政策爭論而寫的。大家可以先從

《政治經濟學選集》（*Selected Essays on Political Economy*）之中的〈看得見的與看不見的〉（What Is Seen and What Is Not Seen）以及〈論法律〉（The Law）這兩篇開始，接著再讀《經濟詭辯》（*Economic Sophisms*）。這兩本書皆由經濟教育基金會（Foundation for Economic Education）出版，電話是800-452-3518，網址是www.fee.org，讀者也可以在www.econlib.org中找到基金會全系列的出版品。

二十世紀中期，正當獨裁主義興起之際，海耶克（Friederich Von Hayek）和傅利曼可說是極少數捍衛自由主義的學者。雖然海耶克的文風不似傅利曼那麼活潑，我建議各位還是可以讀讀《到奴役之路》（*The Road to Serfdom*, University of Chicago Press, 50th Anniversary edition, 1994，中譯本台大出版中心出版），或是《個人主義與經濟秩序》（*Individualism and Economic Order*, University of Chicago Press, reissue edition, 1996，中譯本遠流出版）。後者之中有一章〈社會中知識的使用〉（The Use of Knowledge in Society）會告訴大家，市場不必中央指示，也有整合知識的能力。相同的主題，也可以在萊納．李德（Leonard Read）的〈我，鉛筆〉（I, Pencil）中找到。這是一則可看性極高的寓言，描述經濟活動其實不必人為的干預，也可以整合得恰到好處。這本書和李德的書《和平的事物》（*Anything That's Peaceful*）一樣，都是經濟教育基金會出版。

亞當．史密斯（Adam Smith）對「看不見的手」（the invisible hand）的討論，對人性和經濟學的觀點可見於《國富論》（*An Inquiry into the Nature and Causes of The Wealth of Nations*，中譯本先覺出版）。我也鼓勵讀者閱讀他的《道德情操論》（*The Theory of Moral Sentiments*，商務印書

館有簡體中文譯本），以釐清部分人認為他貪婪無情的指責。以上幾本書，各位可上網查詢：www.econlib.org。

原油危機（第一章）

山姆在隨堂測驗中提出的兩個數字，以及他對石油的討論，皆出自Oil and Gas Journal，重刊在《國際能源統計》（*International Energy Statistics Sourcebook*, Pennwell, 1995）以及*BP Amoco Statistical Review of World Energy*（June 1999）。一九七〇年全球原油消耗量的數字，實際上是原油生產量，也是一個非常接近現實的推估值。某些分析家認為，目前所預估的一兆桶儲備原油量，也許比過去用其他方法所預估的量來得少。在此，我要感謝麻省理工學院國際研究中心（Center for International Study）的麥克．林區（Mike Lynch）所提供的數字及其他背景資料。如果讀者想要多了解人類如何因應自然資源日益短缺的問題，不妨參閱朱利安．西蒙（Julian Simon）的*The Ultimate Resource 2*（Princeton University Press, revised edition, 1998）。此外，史帝芬．藍思博（Steven Landsburg）也在《公平賽局》（*Fair Play*, Free Press, 1997，中譯本經濟新潮社出版）第十三章中，對於人口成長、資源運用，以及其他經濟學的應用，都有獨到見解。

安全氣囊（第三章）

本章提到安全氣囊會危害孩童的人身安全，相關資料可在國家公路交通安全管理局

（National Highway Traffic Safety Administration; NHTSA）的網站查到，網址是http://www.nhtsa.gov/people/ injury/airbags/airbag2/intro/alert1.htm/。至於「安裝一個開關鈕，以操控安全氣囊」的爭議，可見http://www.nhtsa.gov/airbags/。以下文章是摘錄自該網站，談到這方面的問題：

國家公路交通安全管理局（NHTSA）在一九九七年十一月二十一日頒布一項法令，容許汽車零售商和修車廠替某些「特定人士」的車子，安裝安全氣囊的開關鈕。不過，在安裝之前，車主必須向NHTSA提出申請，一旦申請批准之後，NHTSA將以函件方式通知車主，車主持此函可逕往各汽車零售商和修車廠接洽並進行安裝事宜，安裝妥當之後，汽車零售商和修車廠必須將函件的回函條寄回NHTSA，以茲記錄。

在一九九八年六月一日，NHTSA核准了三萬名車主，安裝安全氣囊的開關鈕。但是，NHTSA只從汽車零售商和修車廠收到一千張回函條。由於核准與安裝的數字過於懸殊，也由於不少車主來信詢問合格的安裝管道，NHTSA決定把專門提供相關服務的汽車零售商和修車廠，公布在網站上。此外，NHTSA也樂於隨時在網頁上增加其他接受安裝訂單的廠商名單。

文章中繼續對零售商和修車廠重申，安裝安全氣囊開關鈕，不太可能會導致法律問題。

山姆曾提到，加裝安全氣囊開關鈕約需五百美元。這是我在二〇〇〇年二月二十五日，以電話向加州聖荷西的Electric Battery Station詢價得知。該店職員表示，安裝價格約在四百七十五到五百二十五美元之間。在聖路易市，某店家開價八百九十五美元。

教師的薪資（第五章）

一九九九年，美國教師聯盟（The Federation of American Teachers）估計，對於已取得碩士學位，並在華盛頓特區任教的新進教師，平均年薪為三萬美元。羅拉任教於私立學校，薪資會比較少，可是愛德華高中是貴族私立學校，所以薪資又會比較高。基於這個原因，我把羅拉的年薪訂為二萬六千美元。

工會會員（第七章）

在一九九九年，九・四％的私人機構員工是工會會員，而十・二％的員工則是以工會為其代表（represented by unions）。此項資料是由美國勞工部的勞工統計局（Bureau of Labor Statistics; BLS）的湯姆・比爾斯（Tom Beers）提供，在此向他致謝。

最低工資（第七章）

在一九九九年，時薪制的勞工之中，有四・六％其薪資相當於或低於最低工資。對所有勞工而言，此比例應該更低。此數字來自勞工統計局的最近人口調查資料，再次感謝湯姆・比爾斯的大力協助。

道德觀與市場（第七章）

在約翰・穆勒（John Mueller）的《資本主義、民主與拉夫的上好雜貨店》（*Capitalism, Democracy, And Ralph's Pretty Good Grocery*, Princeton University Press, 1999）一書中，對於「德行良好的人會是成功的商人」一點有深刻的見解。與穆勒類似的例子是，伯南（P. T. Barnum）因為對其馬戲團顧客的服務做得比競爭對手更好，而得以成功。伯南對「誠實」和客戶服務的堅持，可見他的書《賺錢的藝術》（*The Art of Money-Getting*, Applewood Books, 1999）。順便提一下，他絕不會說：「每分鐘都有一個傻瓜上門。」

至於十九世紀，認為市場的美德與道德觀會帶來利潤的英國例子是，艾德溫・查德威克（Edwin Chadwick）在 *Journal of the Statistical Society of London*（December, 1862，現易名為 *Journal of the Royal Statistical Society*）發表的文章："Opening Address of the President of Section F (Economic Science and Statistics) of the British Association for the Advancement of Science, at the Thirty-Second Meeting, at Cambridge, in October, 1862"。查德威克說：

> 現在，我有幸與過去半世紀以來，最有錢有勢的人為友……占姆斯・莫里遜（James Morrison）先生一再向我表明，造就他畢生成功最主要的原則，也是他堅持經濟科學必須秉持的信念是：以消費者的利益為本，賤買賤賣，而不是一般生意人最常做的：賤買貴賣。他致力於擴大消費範疇，希望能盡快把貨賣給愈多人愈好……他只說實話，不做騙人的勾當，他承認

這是成功最關鍵的一點，然而卻極難說服同行也這麼做。除此之外，作為一位商人，他知道外地來的船會來美國，向他兜售一堆他也不太清楚功能的貨品，但是，他卻非常清楚，船主只會賺得一點點的利潤，他再也找不到那麼便宜的貨了……。

這段話，即使山姆・華頓（Sam Walton，沃爾瑪百貨〔Wal-Mart〕創辦人）也可能沒有他說得好。這篇文章完整收錄在http://www.jstor.org/cgi-bin/jstor/listjournal/。

經濟體作為一個生態系統（第七章）

海耶克與亞當・史密斯的著作中都曾提到，經濟體是一種生態系統，在不受干預的市場上自會產生某種規律。如果讀者想多了解學者們對這個題目的創見，可見麥可・羅斯查爾（Michael Rothschild）的《生態經濟學》（*Bionomics: Economy as Ecosystem*, Henry Holt, reissue edition, 1995）。讀者若有興趣羅斯查爾以生態系統為隱喻，評論公共政策的一篇精彩演說，可以聯絡George Mason大學的Mercatus Center，購買羅斯查爾的錄音帶，編號#10766: "From Mechanic to Gardener: Changing Roles in the Information Economy"。

珍・雅各絲（Jane Jacobs）在《經濟就是這麼自然》（*The Nature of Economies*, Modern Library, 2000，中譯本先覺出版）中就曾利用生態系統的隱喻，來探討都市發展。湯姆・派辛格（Tom Petzinger）在《知識經濟領航員》（*The New Pioneers*, Free Press, 1999，中譯本時報出版）中，則

利用該隱喻，敘述新經濟的創新發展中許多引人入勝的故事。維吉尼亞・帕斯楚（Virginia Postrel）則在《未來大贏家》（*The Future and Its Enemies*, Free Press, 1998，中譯本時報出版）中，替「不做未來規畫」而辯護。

雞蛋、通貨膨脹和生活水平（第七章）

一九〇〇年教師的薪資來自*Historical Statistics of the United States: Colonial Times to 1970* (U.S. Department of Commerce, Bicentennial Edition, 1975), Series D739-764, p. 167。一九〇〇年的蛋價，出處同，見Series E187-202, p. 213。如果想知道二十世紀以來，美國的生活水平如何轉變，史坦利・賴伯格（Stanley Lebergott）的《追求幸福》（*Pursuing Happiness*, Princeton University Press, 1993）以及麥可・考仕（Michael Cox）和理察・亞姆（Richard Alm）合著的《貧富的迷思》（*Myths of the Rich and Poor: Why We're Better off Than We Think*, Basic Books, 2000），非常值得推薦。

計算尺（第七章）

我曾經看過一份資料，記載「卡夫和艾瑟」（Keuffel and Esser）在一九六七年預測二〇六七年世界會變得如何，卻沒有預測到世人會發明計算機，來取代計算尺。也許這份資料是杜撰的，如果讀者有相關資料，請與我聯絡。

默克的哲學（第七章）

喬治・默克（George W. Merck）是默克公司的創辦人之子，一九二五至一九五〇年任該公司總裁。他說：「我們要謹記，製藥是為了病人；我們也不要忘記，製藥是為了人們，而不是為了利潤。利潤會隨之而來的。如果我們能記住上面所說的，我們不怕利潤不來。我們愈能牢記它，利潤就會來得愈多。」這是出自一九五〇年他在維吉尼亞醫學院（Medical College of Virginia）的演說。我要感謝默克公司的關都蓮・費瑟（Gwendolyn Fisher）替我追溯引言的出處與作者。她告訴我，這段話會刊登在每一期的員工通訊上，而目前的執行長雷蒙・吉馬丁（Raymond Gilmartin），常在演說時引述這段話。

賣貝果的麵包店（第七章）

這個例子的靈感，來自巴斯夏和華特・威廉斯（Walter Williams）的著作，除此之外，大衛・漢德生（David Henderson）和迪威・李（Dwight Lee）也給了我不少建議。在此，我要感謝迪威，他提供了下面這一段話，摘自丹尼仕・羅伯遜（Dennis Robertson）的 *Economic Commentaries* (Staples Press Limited, 1954), p.154：

> 經濟學家到底善用（economize）了些什麼？「是愛，是愛，」女伯爵說：「愛讓世界運轉不息。」「有人說，」愛麗絲悄悄說：「只要每個人都只管自己的事就夠了。」「噢，這個嘛，」

女伯爵回答：「這兩者……意思是差不多的。」……可是，如果我們這些經濟學家只管自己的事，而且把本分做好的話，我相信，我們可以非常有效地善用（全面而節儉地利用）「愛」這種稀有資源——我們相信（就像其他人一樣）那是世界上最寶貴的東西。

企業的社會責任（第十一章）

安德魯說山姆對市場的信仰是「米爾頓・傅利曼那一套」，見米爾頓・傅利曼在一九七〇年九月十三日《紐約時報雜誌》發表的〈企業的社會責任就是增加利潤〉（The Social Responsibility of Business Is to Increase Its Profits）。這篇探討企業責任的文章，涵蓋了本書中好幾個主題。

夢想機器（第十二章）

夢想機器是羅伯・諾齊克（Robert Nozick）在《無政府、國家與烏托邦》（*Anarchy, State, and Utopia*, Basic Books, 1977，中譯本時報出版）中，創造出來的機器。

天堂的漁人（第十三章）

我忘記在哪裏聽到這故事。如果有人知道的話，請與我聯絡。

私人慈善機構和社會福利（第十五章）

山姆對於「大蕭條」時期，聯邦福利支出對私人慈善機構的影響，以及目前私人慈善機構的狀況，大部分來自我在《政治經濟學期刊》（*Journal of Political Economy*, 1984, vol. 92, no. 1）發表的文章："A Positive Model of Private Charity and Public Transfers"。此外，聖路易市「慈善聯網」（Circle of Concern）的領袖格蘭．科能（Glen Koenen）也給了我不少建議。

邁蒙尼德（Maimonides）在 *Mishne Torah, Zeraim*, Laws of Gifts to the Poor, chapter 10, laws 7-14 中，把慈善事業由高至低分為八個層次，分別是：

一、對有需要的人贈予禮物、貸款、工作機會，或創造合作關係，讓他們自給自足。
二、施予者與接受者彼此不知道對方的身分。
三、施予者知道接受者的身分，但接受者不知道施予者的身分。
四、接受者知道施予者的身分，但施予者不知道接受者的身分。
五、施予者不問緣由就付出了。
六、施予者在被要求的情況下才付出，但付出恰到好處的金額。
七、施予者付出的金額，比「恰到好處」還少，但卻是出於自願。
八、施予者付出得心不甘情不願。

在此我要感謝邱納．穆沙牧師（Rabbi Chona Muser）翻譯文章，並協助我了解內容。

教育券（第十五章）

兒童獎學金是教育券計畫的其中之一。它是在一九九八年成立，首筆一億美元的捐款，是來自泰德・佛斯曼（Ted Forstmann）和約翰・華頓（John Walton）。單是第一次發放的四萬筆獎學金，就吸引了一百萬名兒童來申請。詳情見一九九九年四月二十六日的《美國新聞與世界報導》（*U.S. News and World Report*）；或者是一九九九年四月二十一日《慈善新聞文摘》（*Philanthropy News Digest*, volume 5, issue 16），網址是http://fdncenter.org/pnd/19990421/002646.html/。

把工廠遷到墨西哥（第十七章）

如欲深入了解美國產業把工廠遷至海外，以及全球化發展所帶來的衝擊，請參閱我針對國際貿易與政策所寫的書《貿易的故事：自由貿易與保護主義的抉擇》（*The Choice: A Fable of Free Trade and Protectionism*, Prentice Hall, 3rd edition, 2006，中譯本經濟新潮社出版）。

摩頓羊毛製品公司（第十七章）

摩頓羊毛製品公司的事件，取材自各新聞報導，以及我在二〇〇〇年二月二十九日電訪該公司的對外公關總監珍妮・華勒仕（Jeanne Wallace）而來。

勞動市場的變化（第十七章）

在一九〇〇年，農業人口占總就業人口數的四一%，見*Historical Statistics of the United States: Colonial Times to 1970* (U.S. Department of Commerce, bicentennial edition, 1975), series D1-10, p. 126。到一九九九年，農業人口占總就業人口數的二．五%，見*Economic Report of the President*, 2000, table B-33, p. 146。在一九九九年，從事製造業的人口占非農業就業人口的一四%，而在一九五〇年，這個比例為三四%，見*Economic Report of the President*, 2000B-44, p. 358。

澳洲的罪犯（第十八章）

文中所敘述的歷史是摘自查爾士．貝特森（Charles Bateson）所寫的《犯人船》（*The Convict Ships*, Brown, Son & Ferguson, 1959, Glasgow, Scotland）。貝特森描述（頁六），當船長依人數獲取酬勞，而不管有多少犯人活著抵達澳洲的情況，他說：「的確，死去的犯人比活著的犯人，利潤要來得高些，因為前者能節省旅途上的開支。」

以活著抵達澳洲的犯人人數來計算船長的酬勞，非常有效地減少了犯人死亡率。貝特森表示，從船上的日誌和其他文件中發現，一七九〇年至一七九二年間，頭二十六艘犯人船共載運了四、〇八二名犯人，其中有四九八人在旅途中死亡，換算成死亡率，則為一二%。其中「海王星」（Neptune）這艘船死亡率更高達三七%，四二四名犯人中，有一五八名死亡。到一七九三年，推行新制度之後，有三艘船是以活著抵達澳洲的犯人數來付費的。它們總共載了四二二名犯人前往澳洲，其中只有一人死亡。

貝特森似乎在說明，這種新制度只是偶爾使用（頁二〇），他把一八二〇年後的低死亡率歸因於軍醫隨船照顧犯人。但是看起來，他們也可以根據犯人的健康和存活率而得到獎賞（頁二〇、頁四五）。貝特森也引述不同的數字（頁二五三），來說明醫護人員隨行監督的重要性，他曾提到：「非常奇怪的是，一八〇一年以後，犯人船上的衛生環境，都大為改善。」也許這也不稀奇，因為在同一頁的上半段，他說：「一八〇〇年以後，隨船軍醫都能獲得獎金。」

艾德溫·查德威克（Edwin Chadwick）從同一段文字中，以經濟學的角度，來看犯人的情況（不過他的數字和貝特森所引用的略為不同）：

剛開始的時候，大概有一半的人會在旅途中被拋下海。大眾紛紛要求人性化對待犯人，但卻徒勞無功。因此，在難以違反自然定律的情況下，任憑苦難和死亡在船上發生，直到有人提出要應用經濟學原理，訂定合約以保障犯人。其中不再以上船的犯人人數付費，而改以活著的人數付費……結果是，儘管還是有健康狀況不良者，但生病和死亡率卻降低了一·五％左右。我花了點力氣，才把此原則應用在非法移民的身上，其成果也頗為滿意。從這個個案看來，經濟學壓倒了人類的同情心和寬宏大量，誘使人們難得地去照顧旅客，甚至讓每位可憐的人在死的時候，至少有個人幫他送葬。

我從迪威·李，還有羅伯·艾可倫（Robert Ekelund）和羅伯·海伯（Robert Hébert）合寫的書《經濟理論與方法的歷史》(*A History of Economic Theory and Method*, McGraw-Hill, 1983)中獲悉這段歷史。感謝艾可倫和海伯告訴我，查德威克在一八六二年發表的演說。遺憾的是，查德威克並沒有把這項創新制度，運用在澳洲服刑的犯人身上，反而是用在非法移民的載運，我推測這可能是「貧窮法」(Poor Law)法案的一部分。

精密清潔器、二氧化硫和排放權交易(第十八章)

讀者如果想多了解Clean Air Act中有關排放權交易的部分，請參考李察・史馬連西(Richard Schmalensee)，保羅・約史可(Paul L. Joskow)、丹尼・艾勒曼(A. Denny Ellerman)、璜・巴布・蒙塔羅(Juan Pablo Montero)和伊莉莎白・貝利(Elizabeth Bailey)所著的“An Interim Evaluation of Sulfur Dioxide Emissions Trading”，以及羅伯・史塔文仕(Robert Stavins)在《經濟觀點期刊》(Journal of Economic Perspectives, summer 1998, volume 12, no. 3)所發表的“What Can We Learn from the Grand Policy Experiment? Lessons from SO2 Allowance Trading”。

非洲的大象(第十八章)

我所讀過的報導都指出，非洲的大象數量從一九八〇年的一百二十萬頭減少到二十世紀末的六十萬頭，而辛巴威的大象數量在不同的年代，都有上升的趨勢。不過，我沒有看過有人對「個人和各村落積極保護大象，使它的數量急速上升」提出異議。辛巴威根據一九七五年的

「公園與野生動物法」（Parks and Wildlife Act）展開這個計畫，接著在一九八〇年，更展開了Operation Windfall以及CAMPFIRE（Communal Areas Management Programme for Indigenous Resources, www.campfire-zimbabwe.org）行動。

在一九七〇年代，辛巴威的大象數量約有三至四萬頭，到了八〇年代末期，已增加至五萬頭，目前的數字為六萬至七萬頭。反對CAMPFIRE的人覺得持續一九八九年開始推行的禁止象牙買賣，是遏止偷獵大象的最佳方法。儘管禁止象牙買賣的法令，似乎在辛巴威以外的國家，有效穩定甚至是增加了大象的數量，但是以遏止偷獵大象的龐大成本來看，這項法令是否能持續，還是未知數。

在六萬至七萬頭大象中，辛巴威容許獵人每年獵殺兩百頭象。相對來說，肯亞在八〇年代減少了約八〇%的象，在一九八九年，平均每天被偷獵的數量是十七頭。

上述數字和資料可在世界野生動物基金會（World Wildlife Fund for Nature; WWF）的網站查詢，網址是http://www.panda.org/resources/publications/species/。此外，也可參考*Elephants and Ivory: Lessons from the Trade Ban*（Institute of Economic Affairs, 1994），以及以下幾份報告，包括凱文·希爾（Kevin Hill）的"Zimbabwe's Wildlife Conservation Regime: Rural Farmers and the State", *Human Ecology*（volume 19, 1991）、切利·蘇格（Cheri Sugal）的"Can 'CAMPFIRE' Save the Elephant?", *Environmental News Network*, April 1997、藍迪·西門仕（Randy Simmons）和艾斯·凱塔（Urs Kreuter）的"Economics, Politics, and Controversy Over African Elephant Conservation"出於

米爾頓・佛文（Milton M. R. Freeman）和艾斯・凱塔編輯的*Elephants and Whales: Resources for Whom*（Gordon and Breach Science Publishers, 1994）。還有泰利・安德遜（Terry Anderson）和彼得・希爾（Peter Hill）所編輯的*Wildlife in the Marketplace*（Rowman and Littlefield, 1995）。我也從和猶他州立大學的藍迪・西門仕，以及Texas A&M大學的艾斯・凱塔的談話中，獲益良多。

如果想多了解對CAMPFIRE這個誘因計畫及其效果的負面看法，請看“CAMPFIRE: A Close Look at the Costs and Consequences”（Humane Society of the United States, April 1997）。

黃石公園的麋鹿（第十八章）

有關麋鹿、狼和海狸的討論，我是參考艾仕頓・雀斯（Alston Chase）所寫的*Playing God in Yellowstone*、約翰・貝登（John Baden）和當諾・李爾（Donald Leal）所編輯的*The Yellowstone Primer: Land and Resource Management in the Greater Yellowstone Ecosystem*（Pacific Research Institute for Public Policy, 1990）；查爾仕・凱（Charles E. Kay）所作的*Yellowstone: Ecological Malpractice*, PERC report vol. 15, No. 2, June 1997；以及羅伯・貝契塔（Robert Beschta）對「自然資源協調委員會」（Natural Resources Council Committee）所發表的報告：Ungulate Management in Yellowstone National Park。除此之外，我亦訪談過「經濟學與環境研究基金會」（Foundation for Research on Economics and the Environment; FREE）的約翰・貝登、奧瑞岡州立大學的羅伯・貝契塔、FREE的彼得・吉特（Pete Geddes）和猶他州立大學的查爾仕・凱，感謝他們提供資料，並且不吝賜教。

黃石公園的官員否認園內有麋鹿的問題，也不認為它的生態系統出現了問題。他們反駁柳樹和白楊樹品質下降的說法，如欲了解園方的發言，請查詢：http://www.nps.gov/yell/nature/index.htm/。

近年來，國家公園管理處（National Park Service）遵行了「自然管制」（natural regulation）的政策，也就是在某些地區，不以人為干預大自然，使之自由蓬勃發展（例如不管制麋鹿的數量）；但同時，卻在其他地區容許大量的人為干預（剷除侵入者、大量的遊客等等）。丹尼爾・博金（Daniel Botkin）在*Discordant Harmonies*（Oxford University Press, 1990）中，提供了另一種看法。

經濟新潮社　〈經濟趨勢系列〉

書　號	書　　名	作　　者	定價
QC1001	全球經濟常識100	日本經濟新聞社編	260
QC1002	個性理財方程式：量身訂做你的投資計畫	彼得・塔諾斯	280
QC1003X	資本的祕密：為什麼資本主義在西方成功，在其他地方失敗	赫南多・德・索托	300
QC1004X	愛上經濟：一個談經濟學的愛情故事	羅素・羅伯茲	280
QC1007	現代經濟史的基礎：資本主義的生成、發展與危機	後藤靖等	300
QC1009	當企業購併國家：全球資本主義與民主之死	諾瑞娜・赫茲	320
QC1010	中國經濟的危機：了解中國經濟發展9大關鍵	小林熙直等	350
QC1011	經略中國，布局大亞洲	木村福成、丸屋豐二郎、石川幸一	380
QC1012	發現亞當斯密：一個關於財富、轉型與道德的故事	強納森・懷特	350
QC1014C	一課經濟學（50週年紀念版）	亨利・赫茲利特	300
QC1015	葛林斯班的騙局	拉斐・巴特拉	420
QC1016	致命的均衡：哈佛經濟學家推理系列	馬歇爾・傑逢斯	280
QC1017	經濟大師談市場	詹姆斯・多蒂、德威特・李	600
QC1018	人口減少經濟時代	松谷明彥	320
QC1019	邊際謀殺：哈佛經濟學家推理系列	馬歇爾・傑逢斯	280
QC1020	奪命曲線：哈佛經濟學家推理系列	馬歇爾・傑逢斯	280
QC1021	不公平的市場	亞瑟・歐肯	240
QC1022	快樂經濟學：一門新興科學的誕生	理查・萊亞德	320
QC1023	投資銀行青春白皮書	保田隆明	280
QC1024	常識經濟學：人人都該知道的經濟常識	詹姆斯・格瓦特尼、理查・史托普、德威特・李	320
QC1025	公平賽局：經濟學家與女兒互談經濟學、價值，以及人生意義	史帝文・藍思博	320
QC1026C	選擇的自由	米爾頓・傅利曼	500
QC1027	洗錢	橘玲	380
QC1028	避險	幸田真音	280

經濟新潮社 〈經濟趨勢系列〉

書　號	書　　　名	作　　者	定價
QC1029	銀行駭客	幸田真音	330
QC1030	欲望上海	幸田真音	350
QC1031	百辯經濟學（修訂完整版）	瓦特・布拉克	350
QC1032	發現你的經濟天才	泰勒・科文	330
QC1033	貿易的故事：自由貿易與保護主義的抉擇	羅素・羅伯茲	300
QC1034	通膨、美元、貨幣的一課經濟學	亨利・赫茲利特	280
QC1035	伊斯蘭金融大商機	門倉貴史	300
QC1036C	1929年大崩盤	約翰・高伯瑞	350
QC1037	傷一銀行崩壞	幸田真音	380
QC1038	無情銀行	江上剛	350
QC1039	贏家的詛咒：不理性的行為，如何影響決策	理查・塞勒	450
QC1040	價格的祕密	羅素・羅伯茲	320
QC1041	一生做對一次投資：散戶也能賺大錢	尼可拉斯・達華斯	300
QC1042	達蜜經濟學：.me.me.me…在網路上，我們用自己的故事，正在改變未來	泰勒・科文	340
QC1043	大到不能倒：金融海嘯內幕真相始末	安德魯・羅斯・索爾金	650
QC1044	你的錢，為什麼變薄了？：通貨膨脹的真相	莫瑞・羅斯巴德	300
QC1045	預測未來：教你應用賽局理論，預見未來，做出最佳決策	布魯斯・布恩諾・德・梅斯奎塔	390

經濟新潮社 〈經營管理系列〉

書號	書名	作者	定價
QB1008	殺手級品牌戰略：高科技公司如何克敵致勝	保羅・泰伯勒等	280
QB1010	高科技就業聖經： 不是理工科的你，也可以做到！	威廉・夏佛	300
QB1011	為什麼我討厭搭飛機：管理大師笑談管理	亨利・明茲柏格	240
QB1012	IT韓潮：不容忽視的韓國IT競爭力	韓國IT研究會編	250
QB1013	活力客服：打造人性化的客服中心	羅珊・德西羅博士	280
QB1014	中國製造：揭開「世界工廠」的真相	黑田篤郎	280
QB1015	六標準差設計：打造完美的產品與流程	舒伯・喬賀瑞	280
QB1016	我懂了！六標準差2： 產品和流程設計一次OK！	舒伯・喬賀瑞	200
QB1017X	企業文化獲利報告： 什麼樣的企業文化最有競爭力	大衛・麥斯特	320
QB1018	創造客戶價值的10堂課	彼得・杜雀西	280
QB1020	我懂了！專案管理	詹姆斯・路易斯	280
QB1021	最後期限：專案管理101個成功法則	Tom DeMarco	350
QB1022	困難的事，我來做！： 以小搏大的技術力、成功學	岡野雅行	260
QB1023	人月神話：軟體專案管理之道（20週年紀念版）	Frederick P. Brooks, Jr.	480
QB1024	精實革命：消除浪費、創造獲利的有效方法	詹姆斯・沃馬克、 丹尼爾・瓊斯	480
QB1025	如何訓練一隻兔子： 促進溝通、激發潛力的53堂課	伊藤守	240
QB1026	與熊共舞：軟體專案的風險管理	Tom DeMarco & Timothy Lister	380
QB1027	顧問成功的祕密： 有效建議、促成改變的工作智慧	Gerald M. Weinberg	380
QB1028	豐田智慧：充分發揮人的力量	若松義人、近藤哲夫	280
QB1031	我要唸MBA！：MBA學位完全攻略指南	羅伯・米勒、 凱瑟琳・柯格勒	320
QB1032	品牌，原來如此！	黃文博	280
QB1033	別為數字抓狂：會計，一學就上手	傑佛瑞・哈柏	260
QB1034	人本教練模式：激發你的潛能與領導力	黃榮華、梁立邦	280

經濟新潮社 〈經營管理系列〉

書號	書名	作者	定價
QB1057	領導的藝術：人人都受用的領導經營學	麥克斯・帝普雷	260
QB1058	溫伯格的軟體管理學：第一級評量（第2卷）	傑拉爾德・溫伯格	800
QB1059C	金字塔原理 II：培養思考、寫作能力之自主訓練寶典	芭芭拉・明托	450
QB1060	豐田創意學：看豐田如何年化百萬創意為千萬獲利	馬修・梅	360
QB1061	定價思考術	拉斐・穆罕默德	320
QB1062C	發現問題的思考術	齋藤嘉則	450
QB1063	溫伯格的軟體管理學：關照全局的管理作為（第3卷）	傑拉爾德・溫伯格	650
QB1064	問對問題,錢就流進來	保羅・雀瑞	280
QB1065C	創意的生成	楊傑美	240
QB1066	履歷王：教你立刻找到好工作	史考特・班寧	240
QB1067	從資料中挖金礦：找到你的獲利處方籤	岡嶋裕史	280
QB1068	高績效教練：有效帶人、激發潛能的教練原理與實務	約翰・惠特默爵士	380
QB1069	領導者，該想什麼？：成為一個真正解決問題的領導者	傑拉爾德・溫伯格	380
QB1070	真正的問題是什麼？你想通了嗎？：解決問題之前，你該思考的6件事	唐納德・高斯、傑拉爾德・溫伯格	260
QB1071C	假說思考法：以結論為起點的思考方式，讓你3倍速解決問題！	內田和成	360
QB1072	業務員，你就是自己的老闆！：16個業務升級祕訣大公開	克里斯・萊托	300
QB1073C	策略思考的技術	齋藤嘉則	450
QB1074	敢說又能說：產生激勵、獲得認同、發揮影響的3i說話術	克里斯多佛・威特	280

國家圖書館出版品預行編目資料

愛上經濟：一個談經濟學的愛情故事／羅素·
羅伯茲（Russell Roberts）著；李靈芝譯. --
二版. -- 臺北市：經濟新潮社出版：家庭傳
媒城邦分公司發行, 2011.01
面；　公分. --（經濟趨勢；4）
譯自：The Invisible Heart : An Economic
Romance
ISBN 978-986-120-586-1（平裝）

874.57　　　　10000457

經濟新潮社

廣告回函
台灣北區郵政管理局登記證
台北廣字第000791號
免貼郵票

英屬蓋曼群島商家庭傳媒股份有限公司城邦分公司

104台北市民生東路二段141號2樓

請沿虛線折下裝訂，謝謝！

經濟新潮社

經營管理・經濟趨勢・投資理財・經濟學譯叢

編號：QC1004X　書名：愛上經濟

cité 城邦

讀者回函卡

謝謝您購買我們出版的書。請將讀者回函卡填好寄回，我們將不定期寄上城邦集團最新的出版資訊。

姓名：________________ 電子信箱：________________

聯絡地址：□□□ ________________________________

____

電話：（公）________________ （宅）________________

身分證字號：________________（此即您的讀者編號）

生日：____ 年 ____ 月 ____ 日　性別：□男　□女

職業：□軍警　□公教　□學生　□傳播業　□製造業　□金融業　□資訊業

□銷售業　□其他 ________________

教育程度：□碩士及以上　□大學　□專科　□高中　□國中及以下

購買方式：□書店　□郵購　□其他 ________________

喜歡閱讀的種類：________________

□文學　□商業　□軍事　□歷史　□旅遊　□藝術　□科學　□推理

□傳記□生活、勵志　□教育、心理　□其他 ________________

您從何處得知本書的消息？（可複選）

□書店　□報章雜誌　□廣播　□電視　□書訊　□親友　□其他 ________

本書優點：（可複選）□內容符合期待　□文筆流暢　□具實用性

□版面、圖片、字體安排適當　□其他 ________

本書缺點：（可複選）□內容不符合期待　□文筆欠佳　□內容保守

□版面、圖片、字體安排不易閱讀　□價格偏高　□其他

您對我們的建議：________________________________

____

____

____